Anita Zytowicz

O papel da correção de erros no ensino das competências de comunicação oral

Anita Zytowicz

O papel da correção de erros no ensino das competências de comunicação oral

ScienciaScripts

UNIWERSYTET MIKOLAJA KOPERNIKA
KATEDRA FILOLOGII ANGIELSKIEJ
ANITA ZYTOWICZ

O papel da correção de erros no ensino das competências de comunicação oral

Praca magisterska napisana pod
kierunkiem dr Jana Majera.

PREFÁCIO

A gestão e correção de erros é um tema muito vasto e interessante. Existem numerosas hipóteses relacionadas com esta questão e as mais importantes, nomeadamente a Hipótese da Análise Contrastiva, a Análise de Erros, a Interlíngua e a Abordagem Comunicativa, serão discutidas no capítulo seguinte.

No que diz respeito ao papel do professor, as atitudes e opiniões diferem em grande medida, sendo por vezes até controversas. Alguns de nós, professores, tratam os erros como algo natural que ajuda os alunos, enquanto outros os consideram como um mal indesejado que estraga o processo de aprendizagem. A verdade situa-se provavelmente algures no meio.

Uma vez que os erros orais são mais problemáticos de gerir do que os erros escritos e que a oralidade é uma das competências mais difíceis, se não a mais difícil, de ensinar e aprender, centrarei a minha atenção nos erros da comunicação oral.

Os erros influenciam grandemente a motivação, a ansiedade, o ambiente da sala de aula e a atitude dos nossos alunos em relação ao professor. Embora dependa exclusivamente do professor o método a adotar, se ele escolher o caminho errado para a gestão de erros, os efeitos nocivos do seu erro podem ser tremendos.

Existe um grande número de técnicas diferentes propostas para lidar com os erros, tais como repetições, linguagem corporal, reformulação, etc. Os seus efeitos benéficos e destrutivos serão discutidos em pormenor em trabalhos recentes.

Devemos ou não corrigir os nossos alunos? Faz sentido? Será que eles precisam de o fazer? Em caso afirmativo, como o fazer? Há muitos anos que muitos investigadores, linguistas e professores se colocam estas e outras questões semelhantes. Para lhes responder, realizei um estudo de investigação e recolhi alguns dados da minha própria experiência de ensino.

Tentarei encontrar a "regra de ouro" para a correção de erros e espero que seja útil para qualquer pessoa interessada no tema, bem como para um estudo mais aprofundado.

Tanto as teorias mais antigas como as mais recentes da correção de erros merecem ser analisadas em mais pormenor, mas devido ao objetivo para o qual foram utilizadas, concentrei-me nas estratégias fundamentais, tratando outras abordagens de forma mais superficial.

Os resultados deste estudo de investigação podem constituir uma grande surpresa para outros investigadores interessados na matéria.

CAPÍTULO 1

ATITUDES EM RELAÇÃO AOS ERROS NA
INVESTIGAÇÃO DE UMA SEGUNDA
LÍNGUA E NAS
INSTRUÇÕES LINGUÍSTICAS

1. Erros: atitudes, hipóteses, princípios

Existem geralmente duas atitudes em relação aos erros e falhas cometidos na aprendizagem de uma segunda língua. A maioria dos aprendentes e dos professores considera-os provavelmente 'indesejáveis, um sinal de fracasso', e tenta fazer tudo o que é possível para os evitar ou corrigir. Outros, uma minoria, defendem que os erros são 'uma parte essencial da aprendizagem' e tratam-nos como etapas de aprendizagem e não como fracassos (Norrish, 1995). A primeira atitude resulta principalmente da convicção de que a principal função dos professores é lidar com os erros para conseguir a exatidão, e não a fluência. Este ponto de vista está enraizado na perceção behaviorista da aprendizagem de línguas como qualquer tipo de aprendizagem, adoptada através da imitação e da cópia de um determinado conjunto de comportamentos. A hipótese da atitude positiva perante os erros, a análise de erros, a interlíngua ou a abordagem comunicativa.

1.1. Erros e enganos

Nesta fase, seria útil fazer uma distinção entre **"erros"** e **"enganos"**, os primeiros causados pelo facto de o aprendente experimentar algo completamente novo e errar, enquanto os segundos são causados pelo facto de o aprendente não pôr em prática algo que aprendeu (Bartram & Walton 1991). Esta distinção é bastante académica, uma vez que, na prática, é muito difícil distinguir entre as duas. Será que devemos olhar para o que o aluno encontrou, se deparou ou dominou? O que para alguns professores pode parecer o pior de tudo são as estruturas utilizadas de forma inadequada que ainda não foram ensinadas na sala de aula. Assim, o desvio sistemático, quando um aluno não aprendeu algo e "erra" constantemente, é considerado grave e classificado como "um erro", enquanto que quando uma criança em fase de aquisição da língua faz "desvios" constantes, estes são tratados como etapas de aprendizagem. Por conseguinte, o desvio inconsistente, "errar por vezes", é entendido como menos grave e designado por "erro" (Norrish 1995).

Existem dois tipos de erros mais comuns: **"um lapso"** e **"um deslize"**. O primeiro pode dever-se a uma falta de concentração, a uma falha de memória, à fadiga, etc. O outro é frequentemente o resultado de um descuido do aluno, nervosismo, ansiedade, etc. Não só se encontram na sala de aula, feitas tanto por alunos como por professores, mas também na vida real, feitas por falantes nativos. Além disso, são tratados como algo natural e, muitas vezes, não requerem qualquer correção (Norrish 1995).

1.2. Aquisição da primeira língua e aprendizagem da segunda língua

Como já foi referido, nas primeiras fases da aprendizagem, os aprendentes de L2 cometem os mesmos "desvios" que as crianças que estão a adquirir a sua L1. Esses desvios são frequentemente designados por "palpites informados" e podem efetivamente servir a aprendizagem. Por conseguinte, afirma-se que as estratégias utilizadas por alguém que está a aprender uma segunda língua são muito semelhantes, se não mesmo iguais, às utilizadas pelo aprendente da primeira língua (Dulay & Burt 1974; Hatch 1978). Isto não significa que as duas actividades sejam "iguais", mas sim que contêm certas caraterísticas semelhantes, pelo que os erros cometidos podem ser tratados com técnicas semelhantes. Assim, parece que o erro não só é uma parte inevitável da produção do aprendente, como é também um elemento necessário. Muitas vezes, transmite um feedback importante para o professor, ajudando-o a encontrar a solução correta (Nourish 1995).

Krashen (1981) foi um dos primeiros linguistas a sugerir que a linguagem formalmente "aprendida" não é frequentemente útil em situações reais posteriores e que a linguagem verdadeiramente útil para o aprendente é adquirida inconscientemente através da compreensão da linguagem a que está exposto. Por conseguinte, uma sugestão metodológica para os professores pode ser a seguinte: se um aluno comete um erro, deve responder-lhe, mas não corrigi-lo. Ao mesmo tempo, o aluno deve ser informado sobre o que está a fazer. Ao mesmo tempo, o aluno deve ser exposto a uma língua imediatamente acima do seu nível atual de inglês. O que Krashen sugere é que, se o professor responder naturalmente, reformulando, os alunos são imediatamente expostos a uma linguagem que compreenderão e da qual possivelmente beneficiarão (Bartram & Walton 1991).

A técnica de reformulação tenta imitar a forma como a correção ocorre na vida real, enquanto se aprende L1. As pessoas que cuidam de nós em casa ou as pessoas na rua não costumam acenar com as mãos, bater com os dedos ou dizer "Isso está errado. Corrige-te". Muitas vezes, reformulam o que o orador disse de uma forma correta ou permitem a auto-correção e o esclarecimento através de perguntas adicionais. Por vezes, fazem-no sem se aperceberem de que houve um erro. Tentam "reparar" o erro de modo a clarificar a mensagem, sem magoar ou ofender o orador. Esta técnica pode ser facilmente adoptada na sala de aula, embora exija muitas competências por parte do professor. Aos olhos do aluno, ele continuará a manter a sua posição e, ao mesmo tempo, aumentará a flexibilidade da sua resposta aos erros. A reformulação proporciona uma forma de o professor responder a um erro sem correção direta. Esta correção pode ser inofensiva para os alunos e parecer natural.

Isto parece trazer mais benefícios do que o facto de os erros serem ignorados ou corrigidos de forma vinculativa. Como Wilberg (1989) observou, "a responsabilidade do professor é a capacidade de resposta". Assim, o sucesso da reformulação baseia-se na ideia de que a aprendizagem ocorre a todo o momento e é um processo gradual e muitas vezes indireto. Este processo reflecte a principal semelhança entre a ASL e a aprendizagem de línguas estrangeiras (Bartram & Walton 1991).

1.3. Fontes de erros: A hipótese da análise contrastiva

Corder (1981) observa que há um grande número de fontes de erros, mas entre as mais comuns estão: formação incorrecta, métodos, material utilizado, falta de conhecimento por parte do aprendente, sobregeneralização de regras, factores pessoais e interferência da língua.

Embora a teoria da formação de hábitos e da imitação da aquisição de línguas já não seja considerada verdadeira, muito do que acontece durante a prática da pronúncia é uma questão de habitat. Aparentemente, é também uma fonte frequente de erros. É muito natural que os aprendentes adoptem tanto as regras gramaticais como os sons da sua língua materna e os utilizem na língua-alvo. A teoria da **formação de hábitos** é evidente na Abordagem Audiolingual ao ensino de línguas estrangeiras, encaixando-se bem na visão dos estruturalistas da língua estrangeira como um conjunto de padrões. Cada padrão, uma vez identificado, pode ser praticado através de uma série de exercícios até se tornar um hábito. Teoricamente, se o processo de ensino tivesse sido perfeito, não teriam ocorrido erros. Assim, para que a aprendizagem seja eficaz, os hábitos têm de se tornar automáticos. Era isto que Bloomfield (1942) tinha em mente quando afirmava: "A aprendizagem de línguas é uma sobreaprendizagem. Tudo o resto é inútil". Só se os padrões da L2 tivessem sido "sobreaprendidos" é que seria possível ao aprendente produzi-los corretamente numa comunicação real.

Por outro lado, apesar do treino constante, continuaram a aparecer erros, e a causa foi encontrada na interferência da L1 na L2. Skinner (1957), na sua expressão da teoria behaviorista, salientou que, se a língua é essencialmente um conjunto de hábitos, então tentamos aprender novos hábitos e os antigos interferem com eles. A noção de interferência da língua materna como um dos principais factores que contribuem para os erros na utilização da língua estrangeira pelos aprendentes está fortemente relacionada com esta visão particular de como o ser humano começa a aprender uma língua.

No entanto, Norrish (1995) sugere que alguns linguistas reviram os seus pontos de vista sobre a aquisição e a aprendizagem de línguas e acreditam agora que não nos limitamos a dar respostas com base no nosso conhecimento da L1, mas que também fazemos hipóteses sobre o que é a língua e como funciona. Modificamos as regras de acordo com as nossas necessidades. Há já alguns indícios de que, em certas alturas, quando a gramática ainda não está "pronta", o aprendente não consegue repetir o que lhe é dito. Um pai foi ouvido a 'corrigir' a gramática de uma criança, e aconteceu o seguinte (McNeill 1966:69):

Criança Ninguém gosta de mim.

Pai Não, diz "ninguém gosta de mim".

Criança Ninguém gosta de mim.

(Oito repetições deste diálogo)

Pai Não, agora ouve com atenção, diz 'ninguém gosta de mim'/

Criança Oh! Ninguém não gosta de mim.

O que se verificou neste caso pode ser verdade para os aprendentes em certas fases do seu progresso em direção à língua-alvo e, por vezes, podem ser simplesmente incapazes de reproduzir a forma correta. Embora existam claramente algumas diferenças entre uma criança que está a aprender a sua primeira língua e um aluno na sala de aula, o facto é que os alunos têm capacidades diferentes e as formas de aprendizagem são as mesmas em ambos os casos. Por conseguinte, uma vez que a interferência linguística está sempre a ocorrer, cabe ao professor tirar o melhor partido da transferência positiva e voltar a ensinar a estrutura se esta for o resultado da transferência negativa (Norrish 1995).

A Hipótese da Análise Contrastiva (doravante **CA**) diz respeito ao ensino e não à aprendizagem. Numa das revisões sobre o assunto (James 1980), foi salientado que, comparando dois sistemas linguísticos, o da língua materna e o da língua-alvo, era possível prever áreas de dificuldade e, portanto, erros. O principal problema da HAC parece ser o facto de algumas partes de duas línguas serem diferentes e, por conseguinte, não podermos prever o que irá realmente acontecer. Além disso, não nos diz quase nada sobre a forma como um aprendente vai realizar uma tarefa de aprendizagem e porque é que aprendentes de diferentes origens linguísticas cometem erros semelhantes. Por outras palavras, as respostas dos aprendentes de L2 deveriam ser apropriadas devido ao conjunto de estímulos de L1, o que muitas vezes não acontece. A CAH baseia-se no pressuposto de que os aprendentes de L2 tendem a transferir para os seus enunciados de L2 as caraterísticas formais da sua L1. Como diz Lado, 'os indivíduos tendem a transferir as formas e os significados da sua língua e cultura maternas para a língua e cultura estrangeiras' (Lado, 1957:2).

No entanto, para o professor, a análise contrastiva não é totalmente inútil. Na sua forma forte (cf. Wardhaugh, 1970), afirmava que todos os erros da L2 podiam ser previstos através da identificação das diferenças entre a língua-alvo e a L1 do aprendente. A forma fraca da hipótese pretende ser apenas diagnóstica. A CAH pode ser usada para identificar quais os erros que resultam de interferência. Pode também indicar as possíveis áreas de dificuldade, tornando assim o professor consciente de certos erros. Quem aceitar a influência e a importância da CAH no processo de aprendizagem poderá encontrar tratamento para um grande número de erros e, assim, tornar o seu ensino mais eficaz. Se os erros pudessem ser previstos, seriam mais facilmente evitados.

A sobregeneralização é outra abordagem para a explicação dos erros dos aprendentes. Como afirma Richards (1974), um erro é o resultado da "mistura" de estruturas aprendidas com as recentes. Com base na sua experiência da língua, o aprendente forma uma estrutura desviante, por exemplo: *a) Nós vamos visitar o jardim zoológico. b) Ela tem de ir.*

c) Ontem fui à loja e comprei ...

d) Fui com o Tim ao cinema.

Nos exemplos dados, a frase (a) mostra uma mistura do presente contínuo e do presente simples, na frase (b) são usados tanto o verbo modal como o sufixo -s da terceira pessoa do singular. As frases (c) e (d) são ligeiramente diferentes. Na primeira, o marcador adverbial 'yesterday' (ontem) é usado pelo aprendente. É suficiente para indicar a referência temporal, pelo que, consequentemente, o *-ed* é omitido. No segundo, como a terminação *-ed* foi aprendida primeiro, o aprendente assume que é correta para todos os verbos (Norrish, 1995). O que realmente dá origem à sobregeneralização pode ser qualquer conjunto de estruturas aprendidas ou qualquer tipo de factores.

1.4. Análise de erros e interlíngua

As críticas levantadas contra as AC no final dos anos 60 e início dos anos 70 baseavam-se em três níveis principais:

♦ empírico: as dúvidas sobre a capacidade da AC para prever erros surgiram quando os investigadores começaram a examinar em profundidade a linguagem dos aprendentes de línguas

♦ teórica: foram levantadas algumas reservas teóricas quanto à viabilidade da comparação das línguas e à metodologia da AC

♦ prático: havia dúvidas quanto ao facto de o CA ter algo de relevante a oferecer ao ensino de línguas

A abordagem audiolingue do ensino de línguas estrangeiras nos anos 50 e 60 defendia que se evitassem os erros a todo o custo, ao passo que os investigadores que procuravam formas diferentes de compreender, explicar e gerir os erros começaram a encará-los como uma etapa natural da aprendizagem. Algumas das conclusões retiradas dos resultados da investigação empírica foram tão extremas que invalidaram as previsões feitas anteriormente pelos estudos de AC. Por exemplo, Dulay & Burt (1973;1974) identificaram tipos de erros de acordo com as suas origens psicolinguísticas:

♦ 85% de *erros de desenvolvimento* da primeira língua, ou seja, aqueles que não reflectem a estrutura da L1 mas que se encontram nos dados de aquisição da primeira língua

♦ 12% de *erros únicos*, ou seja, aqueles que não reflectem a estrutura da L1 e que também não se encontram nos dados de aquisição da primeira língua

♦ 3% de *erros do tipo interferência, ou seja, erros* que reflectem a estrutura da L1 e não se encontram nos dados de aquisição da primeira língua

No entanto, outras investigações não confirmaram as conclusões de Dulay & Burt: nos estudos publicados nos anos 70 e no início dos anos 80, a percentagem de erros de interferência varia entre 30 e 50%.

Após uma série de estudos semelhantes, os investigadores aperceberam-se (Corder, 1967) não só que os erros eram um resultado natural e inevitável da aprendizagem, mas também que um estudo sistemático dos erros dos aprendentes poderia ajudar-nos a descobrir os processos subjacentes à aquisição de uma segunda língua. Esta nova abordagem abriu caminho para a **Análise de Erros (AE)**.

A ideia da AE (Corder, 1981) é "comparar a língua do aprendente com o 'todo' da língua-alvo - ou, mais exatamente, com o que foi selecionado para ser incorporado no programa de estudos". O procedimento para a AE, descrito em Corder (1974), é o seguinte:

- é selecionado um corpus linguístico (tendo em conta a sua dimensão, o suporte escrito ou oral, a idade do aprendente, a sua origem na língua materna e o seu nível de proficiência)
- os erros no corpus são identificados (por exemplo, deslizes de desempenho vs. erros de competência)
- os erros são classificados (por exemplo, de acordo com uma tipologia linguística)
- os erros são explicados (por exemplo, são indicadas as causas psicolinguísticas dos erros)
- os erros são avaliados (por exemplo, atribuindo a gravidade de cada erro a fim de tomar a decisão pedagógica principal, mas apenas se um determinado EA for pedagógico; se servir a investigação sobre a aquisição de L2, esta fase é redundante)

Para além da abordagem de Corder, existem duas outras abordagens principais da mecânica real da AE (Norrish, 1995). A primeira, e mais comum, consiste em estabelecer categorias de erro, com base num conjunto de preconceitos sobre os problemas mais comuns do aprendente. A outra consiste em agrupar os erros à medida que são recolhidos em áreas particulares de problemas gramaticais e semânticos. A vantagem da primeira abordagem é o facto de ser fácil e rápida de realizar, uma vez que os erros são simplesmente indicados como marcas numa lista de categorias; por outro lado, esta abordagem tem a vantagem de permitir que os próprios erros determinem as categorias escolhidas. Com base nestas abordagens, foram criados três métodos diferentes de efetuar uma análise de erros:

- A "CATEGORIA PRÉ-SELECCIONADA") ABORDAGEM (Etherthon 1977)
- Deixem que os erros determinem as categorias" (Hudson 1971)
- A ABORDAGEM "QUICK CHECK" (Revell 1979)

Seja qual for a abordagem que preferirmos, há um perigo sério na utilização da AE, nomeadamente o facto de ser dada demasiada atenção à tentativa de identificar certos erros caraterísticos, não deixando tempo para outras partes da língua, talvez igualmente úteis (Norrish, 1995). Este facto, no entanto, não nos deve desencorajar de retirar tudo o que é útil para os professores da ideia de análise de erros. Com base no desempenho de um aluno, o professor pode encorajar um comportamento linguístico não defensivo e utilizar os dados da AE para descobrir outras áreas que precisam de ser ensinadas ou reensinadas. Independentemente da gravidade dos erros, o professor deve dedicar-lhes uma quantidade razoável de tempo e energia, tendo em conta o número de alunos e as possíveis dificuldades que possam surgir.

De acordo com Norrish, há um ponto que não pode ser questionado: "O que uma análise de erros nunca pode fazer é dizer-nos como garantir que os nossos alunos aprendem, de facto, o que esperamos que aprendam". Não deveríamos, neste caso, olhar mais de perto e adotar o ponto de vista expresso por George (1972:62)? Nomeadamente, que uma das formas mais úteis de tratamento dos erros pode muito bem ser tolerá-los, uma vez que representam um conhecimento incompleto do sistema linguístico, e que o tempo gasto pelos alunos na correção dos erros é tempo que não é gasto numa maior exposição à língua. Corder (1981) exprimiu uma atitude semelhante: "teoricamente, se o processo de ensino tivesse sido perfeito, não teriam ocorrido erros. O ponto de vista alternativo sugere que a ocorrência de erros é uma parte inevitável e, de facto, necessária do processo de aprendizagem.

Há mais uma questão importante relacionada com a EA: o **contexto**. O que numa determinada situação pode ser considerado errado ou inadequado por uma pessoa, outra pode considerá-lo aceitável ou mesmo correto. É crucial compreender o significado e as intenções do orador. Corder (1981:41) distinguiu dois tipos de adequação, baseados no contexto: *referencial* e *social,* o primeiro, baseado no sentido lógico do enunciado, o segundo nas regras sociais, estilos e registos. O autor salienta ainda que o facto de o aprendente ter produzido uma frase correta, no contexto correto (tanto aceitável como apropriado), não significa que domine a gramática da mesma. Por exemplo, um aluno que pergunta: "O que fazes esta noite?" produziu um enunciado perfeitamente correto. Mas só o professor sabe se ele está ou não familiarizado com o uso do present continuous com a referência a planos futuros.

Finalmente, os linguistas chegaram à conclusão de que existe algo para além da compreensão behaviorista da aprendizagem e dos erros. A primeira pessoa a designar esta teoria por **Interlanguage** foi Selinker (1972). Vários termos alternativos foram utilizados nos estudos publicados no início da década de 1970 por diferentes investigadores, para se referirem ao mesmo fenómeno, por exemplo

◆ sistemas aproximativos (Nemser 1971)

◆ dialectos idiossincráticos (Corder 1971a)

◆ competência transitória (Corder 1971b)

◆ interlíngua (James 1971)

Uma interlíngua, em todo o caso, não é uma forma de comportamento socialmente institucionalizada de um grupo social. O termo foi definido por Selinker como: "um sistema linguístico distinto cuja existência somos obrigados a supor, com base na produção observada que resulta da tentativa do aprendente (de segunda língua) de produzir uma norma da língua-alvo". Embora não o tenha afirmado diretamente, Selinker considerou a interlíngua como um "sistema dinâmico" que partilhava regras caraterísticas de duas línguas, quer elas próprias partilhassem regras ou não.

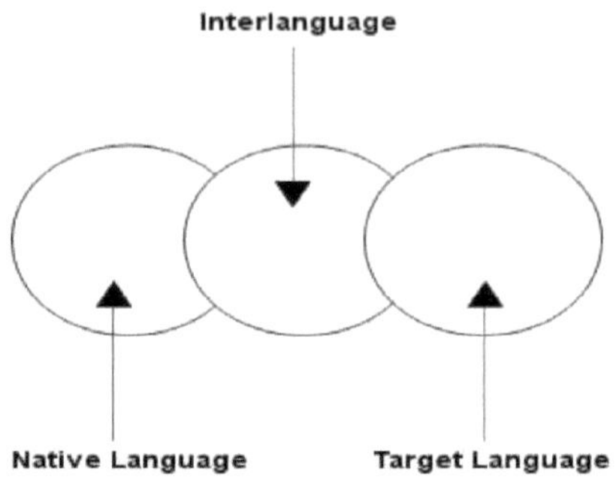

Adaptado de Corder (1981:17)

De acordo com Corder (1981), nesta abordagem, o cometimento de erros é visto como inevitável e, de facto, como uma parte necessária do processo de aprendizagem. Ao estudá-los, o professor pode ter uma ideia do estado de conhecimento do aprendente e das estratégias que este pode estar a utilizar. Com esta compreensão, estará em melhor posição para conceber medidas corretivas adequadas. Esta abordagem também pressupõe que os erros dos alunos são, de certa forma, sistemáticos e não aleatórios por natureza, caso contrário não haveria nada para o professor aprender com eles. Mas, se são sistemáticos, então a versão própria e peculiar do aprendente da língua-alvo deve basear-se num conhecimento sistemático ou numa competência pessoal, para usar o termo de Chomsky. Por outras palavras, esse aprendente deve possuir uma gramática pessoal mais ou menos bem definida na qual basear os seus enunciados. Isto leva a concluir que o seu desempenho é regido por regras e que os seus erros são, em grande medida, regulares e consistentes.

A teoria da interlíngua era uma noção mentalista, baseada na evidência do processamento interno do aprendiz ("teste de hipóteses", como na aquisição da L1), e não havia lugar para relatos comportamentalistas da aprendizagem. Assim, a CAH foi geralmente rejeitada, embora a noção de interferência da L1 tenha sido mantida. Esta foi reconstituída como um fator (ou seja, a transferência) entre outros processos cognitivos responsáveis pela aquisição da L2. Selinker (1972) sugeriu **cinco processos centrais** que operam na IL. Estes eram:

♦ **transferência linguística** (ou seja, o conceito anterior de interferência da L1, que causa erros interlinguísticos)

♦ **sobregeneralização** das regras da língua-alvo (conduzindo a erros intralinguísticos)

♦ **transferência de formação** (ou seja, uma regra entra no sistema do aprendente como resultado da instrução)

♦ **estratégias de aprendizagem de L2** (ou seja, uma abordagem identificável do aprendente ao material a ser aprendido)

♦ **estratégias de comunicação em L2** (ou seja, uma abordagem identificável pelo aprendente à comunicação com falantes nativos)

A teoria da interlíngua procura explicar por que razão a aquisição da L2 após o período crítico raramente atinge os mesmos parâmetros que a aquisição da L1. Selinker sugere que os adultos que atingem com sucesso a proficiência nativa na língua-alvo o fazem porque continuam a utilizar o 'Dispositivo de aquisição da linguagem', ou, como Lenneberg (1967) colocou, a **estrutura linguística latente**. Assim, tal como a criança na aquisição da L1, o aprendente adulto de L2 bem sucedido é capaz de transformar a gramática universal numa estrutura linguística latente.

No entanto, como Selinker observou, relativamente poucos aprendentes adultos de L2 atingem a competência de falante nativo (5% dos casos). A grande maioria **fossiliza-se** de alguma forma. Por alguma razão, são incapazes de reativar a estrutura linguística latente. Explicou este facto sugerindo que esses aprendentes adultos de L2 recorrem a um mecanismo cognitivo mais geral, que designou por **estrutura psicológica latente**. Esta é ainda geneticamente determinada, mas não implica o recurso à gramática universal. É responsável pelos processos centrais acima descritos.

De acordo com Selinker, portanto, a aquisição de L2 pode ocorrer de duas maneiras diferentes. Pode utilizar o mesmo mecanismo que a aquisição da L1, ou pode recorrer a mecanismos alternativos, que são presumivelmente responsáveis por outros tipos de aprendizagem para além da língua. O termo que acabou por se tornar popular para descrever os mecanismos responsáveis pelo segundo tipo de aprendizagem foi **organizador cognitivo** (Dulay & Burt 1977). O processo de aquisição de L2 que resultou do seu funcionamento foi designado por **construção criativa**.

CAPÍTULO 2

CORRECÇÃO DE ERROS ORAIS. ESTRATÉGIAS E TÉCNICAS

2.1.   Erros orais

É difícil determinar se um enunciado produzido por um falante não nativo é um erro ou não. Não é apenas a gramática que devemos analisar, mas também o contexto, a situação, o estilo e o registo, e muitos outros aspectos que determinam a correção. Ao mesmo tempo, os professores não devem esquecer que o seu conhecimento da aprendizagem como falantes não nativos é apenas parcial. É por isso que, de acordo com Bartram e Walton (1991), devem ter muito cuidado ao dizer que uma determinada forma é "incorrecta". Pode ser errado em Londres, mas perfeitamente aceitável na Jamaica. Pode ser errado num escritório, mas aceitável num parque infantil. Pode ser uma forma que um professor nunca tenha visto ou ouvido, mas que de facto existe.

Quando temos a certeza de que uma determinada locução não é adequada, há mais uma tarefa difícil pela frente - escolher a melhor forma de lidar com ela; literalmente, corrigi-la. Felizmente, as mudanças na pedagogia das línguas também influenciaram as nossas atitudes em relação aos erros e ao seu tratamento. Com o advento da abordagem comunicativa do ensino das línguas, tem-se dado menos ênfase à exatidão formal do que anteriormente, e mais importância à questão da eficácia comunicativa (Allwright & Bailey, 1991). Assim, os professores que adoptam a abordagem comunicativa estão mais preocupados com a capacidade dos alunos para transmitir as suas ideias, obter a informação, etc., do que com a sua capacidade de produzir frases gramaticalmente adequadas. Manter a conversação é considerado mais importante do que concentrar-se em enunciados incorrectos.

2.2.   Correção e abordagem positiva

"Temos o direito de corrigir? Esta pergunta é feita por muitos professores que têm dúvidas sobre os efeitos reais da correção no processo de aprendizagem e na personalidade do aluno. Tomar a decisão correta é um processo longo e complicado, muitas vezes evitado ou tratado superficialmente pelos professores. O modelo seguinte (ver Figura 1, p...) proposta por Long (1977) descreve em pormenor as escolhas que o professor deve fazer entre o momento em que ocorre um erro oral e a manifestação comportamental efectiva do feedback que se segue.

As questões apresentadas neste fluxograma podem ser enquadradas como uma série de perguntas sobre o papel do professor e o momento do movimento de reação após a resposta errada do aluno. Na sua revisão da investigação sobre o tratamento de erros, Chaudron (1987) adoptou como quadro as seguintes questões, que foram originalmente colocadas por Hendrickson (1978)" ◆ Os erros do aluno devem ser corrigidos?

◆ Em caso afirmativo, quando é que os erros dos alunos devem ser corrigidos?

♦ Que erros do aluno devem ser corrigidos?

♦ Como é que os erros do aluno devem ser corrigidos?

♦ Quem deve corrigir os erros do aluno?

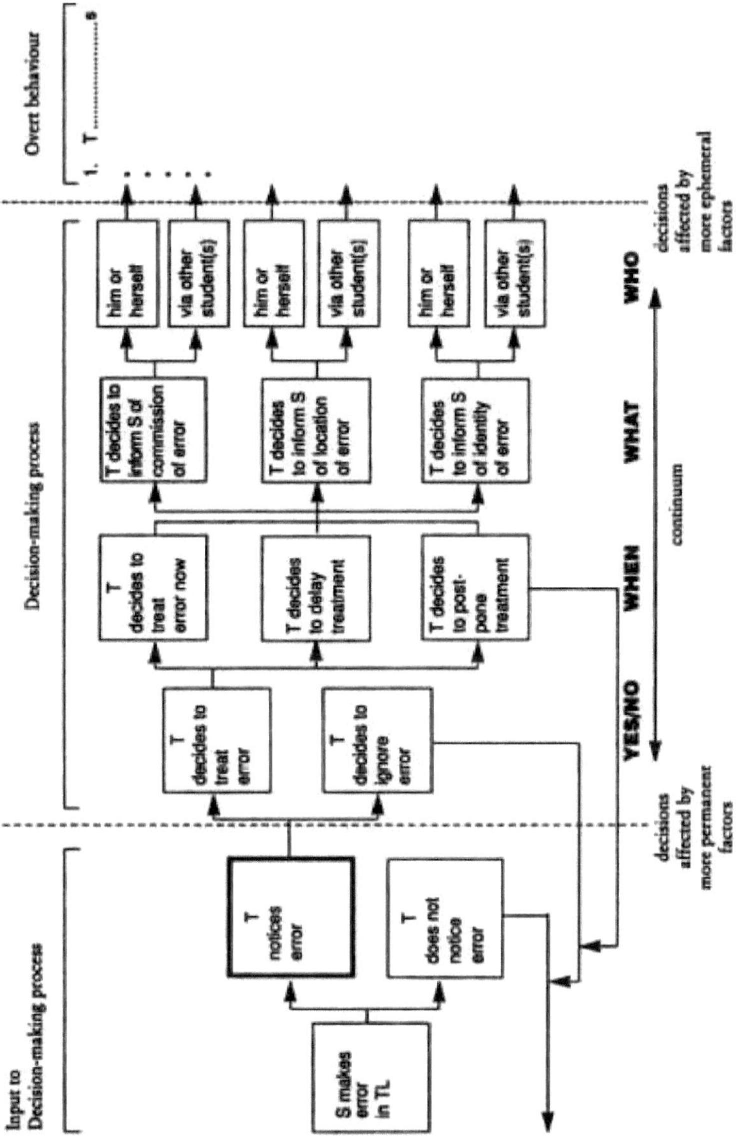

Figura 1 Modelo de Long do processo de tomada de decisão antes da ação de feedback do professor (1977:289) Adaptado de Allwright & Bailey (1991)

A primeira questão é saber se o professor se apercebe ou não do erro do aluno no momento em que este ocorre. A segunda é a decisão de tratar o enunciado "errado" como um erro ou de o deixar passar sem comentários. Escolher o momento certo parece ser o mais difícil de todos. Nestas fases iniciais, o processo de decisão é influenciado por muitos factores. A terceira questão é decidir qual o erro a corrigir. Pode não ser nada bom tentar dar feedback aos alunos sobre uma forma que eles não estão preparados para aprender. A questão seguinte é escolher o método de correção mais adequado, tendo em conta a personalidade do aprendente. Foi demonstrado que os falantes nativos que não são professores são menos interventivos nas suas reacções aos erros dos alunos do que os professores de línguas. Além disso, os professores da língua-alvo que não são falantes nativos são consistentemente mais severos nas suas reacções aos erros dos alunos do que os seus homólogos falantes nativos (Allwright & Bailey, 1991). Este padrão foi documentado numa revisão 9Ludwig 1982) da investigação sobre a gravidade dos erros efectuada em várias línguas, incluindo o alemão, o espanhol, o francês e o inglês. Assim, a questão final é escolher a parte ou a forma de fornecer feedback corretivo. No entanto, se os professores tendem a ser tão severos, quem deve assumir a responsabilidade pela correção? O problema é encontrar sempre o equilíbrio certo.

2.3.   Professores, ensino e estudantes

É eticamente correto corrigir os nossos alunos? Os professores não corrigem os seus amigos americanos quando estes dizem *"ainda não vi esse filme"*, por que razão hão-de corrigir os amigos espanhóis ou japoneses se estes disserem a mesma coisa? A correção é realmente a parte mais importante de ser professor?

A resposta à pergunta *"O que é um professor?* foi proposta por Bartram e Walton (1991). Acreditava-se que o professor era alguém considerado como um oráculo pelos alunos e outros. Ele detinha o conhecimento que tinha de ser transferido ou transmitido à nova geração. A relação aluno-professor era essencialmente uma relação de inferioridade-superioridade. A superioridade manifestava-se através do erro: o aluno diz algo errado, o professor encontra o erro e corrige-o - da mesma forma que o doente se sente mal, o médico diagnostica o problema e depois opera.

Recentemente, em todos os domínios da aprendizagem, mas em particular na aprendizagem de línguas, esta visão tradicional da relação professor-aluno tem sido fortemente posta em causa. Os professores têm sido encorajados a descer do pedestal que muitas vezes lhes foi atribuído.

Devem atuar mais como "consultores pagos", uma espécie de "médicos linguistas", do que como "mestres". Ao mesmo tempo, a aprendizagem passou a ser vista como mais importante do que o ensino. Como a aprendizagem é um processo que nunca pára verdadeiramente, todos os alunos têm de aceitar que, mais cedo ou mais tarde, o professor sairá pela última vez e, a partir daí, estarão por sua conta. Assim, não será melhor tornar os alunos autónomos e independentes antes que o professor os deixe para sempre? Não será um desperdício de tempo e energia corrigir cada erro e dar a resposta pronta para cada pergunta? A correção ostensiva pode até fazer mais mal do que bem. Aqueles que rejeitam esta afirmação como uma ideia atualmente em voga deveriam ouvir Cícero, que há quase dois mil anos disse *O mais comum é que a autoridade dos que ensinam atrapalhe os que querem aprender.*

Há uma coisa que todos os aprendentes de uma língua, seja ela materna ou estrangeira, têm em comum: **todos cometem erros**. Os erros são um facto incontornável da aprendizagem de línguas. São uma parte natural do processo de aprendizagem: não são curvas desgastadas no caminho para uma utilização madura da língua, mas sim parte do próprio caminho (Bartram & Walton, 1991).

No entanto, não é a correção em si que constitui um problema para muitos professores, mas a sua atitude em relaçao a ela. A maior parte deles não é proficiente em inglês e tem demasiado medo dos seus próprios erros para permitir aos seus alunos um pouco de autonomia. Estão convencidos de que, ao evitarem ou corrigirem os erros, evitarão quaisquer questões difíceis por parte dos alunos. Segundo Bartram e Walton, a forma como se reage aos erros faz parte de toda a visão do que é a língua e do que é o professor.

É por isso que, em vez de se preocuparem com cada palavra, os professores devem concentrar-se na motivação e no encorajamento para ajudarem os seus alunos a aprender mais. **Se os alunos forem criticados por se esforçarem, deixarão de o fazer**. Afinal de contas, os alunos não costumam cometer erros deliberadamente. Se forem motivados e encorajados, recompensados e elogiados, aprenderão com mais entusiasmo. Além disso, se ainda forem corrigidos de forma gentil e com técnicas adequadas, beneficiarão certamente com isso.

O reforço positivo é um fator muito importante no ensino e na aprendizagem e aumenta definitivamente a necessidade de os alunos terem uma atitude positiva em relação à aprendizagem. Assim, em vez de criticar o produto, os professores devem tornar o seu progresso mais eficaz, ajudá-lo e encorajá-lo. Para aprender a fazê-lo, os professores precisam, antes de mais, de praticar a sua paciência. Devem recompensar os seus alunos pelo esforço feito na aprendizagem e ajudá-los a enfrentar os problemas. Devem também dar aos seus alunos algum tempo para tomarem uma decisão e conceder-lhes alguma autonomia.

Muitos professores receiam que, se não corrigirem um enunciado incorreto de um aluno, este possa servir de input para outro aluno. Além disso, o colega pode assumir que a forma da função estava correta, o que pode levar a uma modificação das suas formas, anteriormente corretas (Allwright & Bailey, 1991).

É verdade que resolver os erros na aula é muito mais rápido e económico, mas só a curto prazo. E nas aulas seguintes? Quantas vezes mais será necessário focar o item ou a estrutura "errada" para que o aluno memorize a sua forma correta? Além disso, como evitar os erros que ocorrem durante as actividades livres ou as conversas, quando a interferência do professor não é bem-vinda?

Por muito que tentemos, não conseguimos detetar e corrigir todos os erros. Os aprendentes estão em constante desenvolvimento - de não saber nada para saber muito ou, pelo menos, ter um controlo funcional da língua. É um processo longitudinal e em mudança.

Estes factos levam-nos a concluir que demasiado tempo dedicado à correção e à gestão de erros pode ser desperdiçado e, consequentemente, podem ser negligenciados aspectos mais importantes da aprendizagem de línguas. No entanto, como os erros são uma parte essencial da aprendizagem, não podem passar despercebidos. Como refere Ellis (1994), os erros têm de ser definidos, explicados e avaliados. O professor deve escolher a melhor forma possível de lidar com eles e sensibilizar os alunos para o facto de os erros indicarem o seu progresso e não o seu fracasso.

2.4. Técnicas de correção e alunos

Não devemos, portanto, chegar à conclusão de que o processo de aprendizagem de uma língua estrangeira não necessita de qualquer correção. É melhor mudarmos a nossa atitude e os nossos métodos de correção.

Existe um grande número de técnicas diferentes para mostrar e tratar os erros imediatamente, como sugerido por Bartram & Walton (1991), entre as quais

♦ **gestos** (mão aberta, rotação do pulso, aceno do dedo, etc.)

expressões faciais (abanar a mão, franzir o sobrolho, expressão de dúvida, etc.)

♦ **sons não verbais** ('Err...', 'Mmmmh...' com entoação duvidosa, etc.)

♦ **frases simples** ("Quase...", "Não é bem assim...", "Bom, mas...", etc.)

fingir que não percebeu ("Perdão?", "O que é que disse?", etc.)

Repetir o enunciado errado com entoação duvidosa ou concentrar-se apenas no erro ("Compraste o vestido?", etc.)

♦ **repetir no contexto** ('Vais <u>às compras</u> todos os sábados à noite.')

♦ **ecoar** ('Vais acabar o teu trabalho de casa na próxima semana.')

♦ **reformulação** ('A Maria não foi à escola ontem' em 'A Maria não foi à escola ontem").

♦ **correção automática** ('...não tem feito, mas tem feito.')

pedir diretamente uma correção a si próprio ou aos seus pares ("Estava errado, corrige-o")

As últimas quatro técnicas, nomeadamente: eco, reformulação, correção automática e pedido direto de correção, são as formas de correção imediata mais frequentemente utilizadas pelos professores. É duvidoso que os alunos beneficiem verdadeiramente com elas (Lightbown & Spada, 1990).

O eco, por exemplo, é criticado pela falta de respeito pelos sentimentos dos alunos. Estes podem compreender que fizeram algo de errado, mas ao mesmo tempo sentir que o professor se está a rir dos seus erros. Além disso, com esta técnica é difícil ver efetivamente qual o erro indicado. O professor não dá qualquer orientação sobre o que pode estar errado, pelo que o aluno pode sair da sala de aula a pensar que o que disse estava correto.

A reformulação, por outro lado, é considerada como uma forma mais positiva de gerir os erros. Dar ao aluno um feedback correto dá-lhe a oportunidade de reparar na área do erro. No entanto, não sugere que a frase seguinte que ele irá produzir não contenha o mesmo tipo de erro. É mais como um diálogo na vida real, mas não apenas se for conduzido de uma forma amigável e gentil. Mesmo que um determinado aluno não tire nada disso, outros podem notar que beneficiam com isso, mais tarde. A principal vantagem é o facto de serem expostos a uma linguagem que compreenderão, a mensagem será clarificada e a comunicação será bem sucedida.

A reformulaçao é uma forma de o professor reagir a um erro sem correção direta. Há apenas um problema relacionado com esta técnica: pressupõe uma interação entre o professor e o aluno, pelo que a sua utilização é bastante restrita. Seria desajeitado, desencorajador e pouco natural interromper dois alunos que estão a falar um com o outro só para reformular algo.

Nos casos em que o professor está apenas a "monitorizar" o trabalho dos alunos e é necessária uma correção, pode utilizar os dois últimos tipos de gestão de erros: correção automática, auto-correção e correção pelos pares. A sua aplicação e utilidade dependem principalmente da gravidade do erro. Se a comunicação for bloqueada, os alunos procurarão automaticamente a clarificação e a negociação do significado, até ficarem satisfeitos.

Infelizmente, estas técnicas ou têm de ser ensinadas ou exigem muitas competências por parte dos alunos para surgirem naturalmente. Muitas vezes, os alunos esperam que o professor faça todo o trabalho e recorrem a ele sempre que têm problemas. Como acontece frequentemente, ele é necessário em
muitos sítios ao mesmo tempo, pelo que pode valer a pena dedicar algum tempo a ensinar os alunos a confiarem em si próprios.

Há um ponto que deve ficar claro - **os alunos querem ser corrigidos**. É muito frequente que o aluno ou o seu colega façam eles próprios o trabalho do professor. Dar algum tempo para a auto-correção seria útil tanto para o professor como para os seus alunos, dando assim a estes últimos a oportunidade de dar uma ajuda. É claro que muito depende da personalidade dos alunos. Alguns deles podem sentir-se humilhados quando são corrigidos pelos seus colegas ou pelo professor. Por conseguinte, é uma tarefa importante de cada professor conhecer as necessidades e preferências dos seus alunos o mais cedo possível. Quando a aprendizagem se torna um prazer e o sentimento de conforto e segurança supera a vergonha e o medo, os alunos aprendem mais eficazmente e é necessária menos correção. Vale a pena lembrar que, ao renunciarmos a uma parte da correção, permitimos que os alunos pensem por si próprios e sejam responsáveis pela sua própria aprendizagem e pela dos outros. Terão menos medo de cometer erros e, por conseguinte, estarão mais dispostos a falar.

Uma das piores técnicas que muitos professores utilizam é a correção ostensiva. Os professores dão aos seus alunos um input crescente, não deixando um segundo para a reação. Além disso, concentram-se imediatamente no próprio erro, não tendo tempo para avaliar a sua gravidade ou a utilidade da correção. Estes professores esquecem o verdadeiro objetivo da aula e não se apercebem certamente de que é pouco provável que tal correção funcione. Além disso, nem por um segundo se perguntam como é que os alunos se poderão sentir e que danos é que essa ação poderá causar a todo o processo de aprendizagem da língua. Ninguém gosta de ser interrompido a meio do fluxo de palavras e corrigido a cada expressão. Pode ser muito fácil desencorajar um aprendente, mas é muito mais difícil motivá-lo ou encorajá-lo.

Por fim, na maioria dos casos, o aluno comete o mesmo erro alguns minutos mais tarde, sem fazer a mínima ideia porque é que algo está errado. Se, apesar dos erros, a expressão for compreensível, a comunicação for bem sucedida e o professor continuar a corrigir, muito em breve os seus alunos tornar-se-ão reticentes (Tsui 1995).

Há cinco razões principais que contribuem para a falta de participação dos alunos na aula:
- a baixa proficiência em inglês dos alunos,
- o medo de cometer erros e de ser ridicularizado pelos colegas,
- a intolerância dos professores ao silêncio e o tempo de espera demasiado curto concedido,
- oportunidades desiguais de expressão oral oferecidas a cada aluno pelo professor,
- o input linguístico dos professores, demasiado difícil.

Todos os factores mencionados contribuem para a ansiedade na aula de línguas e influenciam todo o processo de aprendizagem. Os alunos que têm um baixo nível de proficiência em inglês tendem a ser ansiosos (estudo de Liu, 1989). Preocupa-os que os seus erros os façam parecer piores ou estúpidos e os humilhem aos olhos dos seus pares. Por outro lado, como salientam Allwright & Bailey (1991), alguns aprendentes muito competentes sentem-se ansiosos porque, se não cometerem erros, destacar-se-ão dos seus pares e ficarão ressentidos. Para evitar isso, cometem erros deliberadamente para serem criticados pelo professor.

O terceiro fator mencionado, a saber, a intolerância dos professores ao silêncio, também cria uma grande ansiedade. Os alunos precisam de mais tempo para formular as suas respostas da melhor maneira possível. O facto de o professor estar sempre a repetir a mesma pergunta só faz baixar a sua autoestima e faz com que se sintam incompetentes. É ainda mais prejudicial e humilhante, como salienta Tsui, pedir ao aluno que espere até que outra pessoa dê a resposta e depois a repita. Este aluno é penalizado e humilhado publicamente por não ser tão bom como os seus colegas" (Tsui 1995: 159).

No entanto, mesmo que seja dado ao aluno muito tempo de espera, o seu nível de ansiedade pode ser tão elevado que não será capaz de produzir um único enunciado. Para o evitar, os professores devem permitir mais trabalho de pares ou de grupo, dando assim aos seus alunos a oportunidade de falarem com outros, compararem os seus pontos de vista, até obterem deles alguma correção de erros e, finalmente, expressarem a resposta em nome do grupo e não em seu próprio nome.

O quarto fator, a desigualdade de oportunidades de falar ou, por outras palavras, a atribuição desigual de turnos, priva alguns alunos da oportunidade de praticarem a língua-alvo. Como já foi referido, alguns professores têm medo do silêncio e tendem a fazer muitas perguntas desnecessárias, ou limitam o tempo de espera dos seus alunos apenas para matar os momentos de silêncio. Do mesmo modo, e muitas vezes pela mesma razão, favorecem os mais brilhantes, sabendo que as hipóteses de obter deles a resposta pretendida são maiores. A autoestima dos mais fracos é assim reduzida e as possibilidades da sua participação voluntária diminuem drasticamente.

Por último, o input incompreensível é outra fonte de ansiedade. Muitas vezes, os professores tendem a produzir enunciados longos, a dar aos alunos instruções muito longas de cada vez e a formular os seus pensamentos de uma forma tão vaga e complicada que seriam incompreensíveis para eles próprios se os pudessem ouvir. Não sabendo exatamente o que têm de fazer, os alunos hesitam muitas vezes e fazem suposições que acabam por os levar a cometer erros.

No inquérito de Horwitz *et al.* (1986), 35% dos alunos concordaram com a afirmação: "Fico assustado quando não compreendo o que o professor está a dizer na língua estrangeira". Outros 20% concordaram com a afirmação: "Fico nervoso quando não percebo todas as palavras que o professor diz". Da mesma forma, no estudo de Liu (1989), os alunos concordaram fortemente com a afirmação: "Tento sempre apanhar todas as palavras quando ouço inglês. Se não o fizer, sinto-me ansioso e isso afecta a minha compreensão do que se segue. Também concordam com a afirmação: "Antes e durante a audição de inglês, fico preocupado por não conseguir compreender".

Como salienta Tsui (1995), os estudos sobre a ansiedade linguística revelam que os alunos ansiosos tentam desesperadamente evitar a humilhação, o embaraço e a crítica, e preservar a sua autoestima. Por conseguinte, os professores devem reconhecer isso e adotar técnicas que eliminem ou minimizem os factores responsáveis pela ansiedade. Começando por prolongar o tempo de espera, permitindo mais trabalho em pares e em grupo, melhorando as técnicas de interrogação e dando a todos os alunos oportunidades iguais de falar.

Como sugerem Bartman & Walton (1991), pode ser mais útil e benéfico para os alunos obterem explicações em vez de correcções, e trabalharem mais na área dos erros, especialmente se se tratar de gramática.

É definitivamente mais ético, humano e frutuoso concentrarmo-nos no que os nossos alunos já aprenderam do que no número de erros que cometeram. Esta abordagem ao ensino de uma segunda língua e à correção de erros parece muito exigente para o professor e requer certamente muito mais paciência e trabalho da sua parte. Embora possa parecer bastante revolucionária para alguns, especialmente para aqueles que afirmam que a correção tardia não traz resultados muito imediatos, o resultado e o efeito que pode surgir podem ser muito surpreendentes.

Resumindo, como Bartram & Walton sublinharam, é a reação do professor que é mais importante do que a correção em si. Mesmo que o erro seja realmente grave, é preferível reagir com simpatia, de forma amigável, do que criticar o aluno ou mostrar-lhe o pouco que sabe. Se, como resultado da correção, o aluno perder a motivação para aprender ou até deixar de produzir qualquer expressão linguística, isso será o fracasso do professor e o maior dano que poderá causar. Assim, não será melhor deixá-los falar fluentemente, comunicar da melhor forma possível, em vez de os deixar falar corretamente, mas utilizando apenas algumas estruturas básicas?

Há uma coisa essencial que nós, professores, nunca devemos esquecer: **não se corrige um erro, corrige-se uma pessoa**! Por isso, desde que a mensagem seja transmitida, a comunicação se efectue e ambos os intervenientes fiquem satisfeitos, não há absolutamente nada com que se preocupar.

Veja o quanto eles aprenderam, elogie-os por isso, lembre-se da correção, mas não se preocupe com cada erro.

CAPÍTULO 3

À PROCURA DA REGRA DE OURO

3.1.   Professores e erros

Erro é algo que é considerado incorreto ou errado, ou que não deveria ter sido feito." (Collins Cobuild *English Language Dictionary, 1987)* Esta definição sugere que um erro é algo errado que deve ser corrigido ou, se possível, evitado. Por outro lado, existem provas consideráveis de que um erro é um passo de aprendizagem que deve ser tratado como algo normal, mesmo crucial e necessário no processo de aprendizagem.

Os estilos de ensino, bem como os métodos de ensino, variam, principalmente porque as personalidades dos professores variam. Mas não estaremos a tentar fazer o melhor que podemos para ensinar aos nossos alunos tudo o que nós próprios dominamos?

Há professores que, após alguns anos de ensino, parecem favorecer a primeira ou a segunda atitude (acima mencionada) em relação ao tratamento de erros, indo aos extremos, sem olhar para o meio. Tendem a corrigir demasiado e com demasiada frequência, o que os deixa, bem como aos seus alunos, frustrados e preocupados com a exatidão mais do que com qualquer outra coisa.

Em contrapartida, entre aqueles com quem tive oportunidade de falar, há uma tendência crescente para não prestar qualquer atenção aos erros. Permitem que estes ocorram livremente, de forma natural, e dão aos seus alunos pouco ou nenhum feedback corretivo. Este tipo de tratamento dos erros parece aumentar a auto-confiança e a fluência linguística dos alunos, mas será assim tão benéfico como pode parecer à primeira vista? Será que os alunos sabem realmente se acertam ou erram?

Pessoalmente, sempre me ensinaram que a correção de erros é uma parte essencial do processo de ensino e aprendizagem. No entanto, sob a influência da Abordagem Comunicativa e das tendências actuais para diminuir a importância da gramática e do que está por detrás dela, a exatidão, no exame "Nova Matura", comecei a duvidar dos efeitos reais do tratamento dos erros.

Durante uma das conferências sobre a "Nova Matura", que teve lugar em janeiro de 1999, em Bydgoszcz, os professores da Escola de Formação de Professores mencionaram que uma das principais mudanças no conteúdo do exame poderia ser a ausência de exercícios de gramática. A pergunta que me veio à cabeça na altura foi: "Se não houvesse gramática, como poderíamos falar? Além disso, a ausência de gramática significaria que quase não haveria necessidade de correção.

Estava curioso para saber qual era a atitude dos meus colegas em relação a toda a questão da correção de erros. Coloquei-lhes as seguintes questões: "Porque é que corrige os seus alunos?" e "Quando é que os corrige? Gostaria de apresentar algumas das respostas anónimas na sua forma mais pura:

- ♦ **O**bjetivo - perfeição.

- ♦ Corrijo os meus alunos para os sensibilizar para as áreas do seu conhecimento de inglês em que não se sentem fortes e têm problemas graves. Isso deve ajudá-los a evitar erros semelhantes no futuro.

- ♦ Quero que os meus alunos sejam exactos. Quero que eles consigam gerir a comunicação - por vezes, os erros podem quebrá-la.

- ♦ Não para fossilizar os erros. Para os fazer perceber que não é bom dizerem ou escreverem coisas de determinada maneira.

- ♦ Para os tornar bons falantes de inglês.

- ♦ Mostrar a alguns alunos que não são tão bons como julgam ser.

- ♦ Para garantir que os alunos ouvem a forma correta. Para dar aos alunos a prova de que se preocuparam com os seus conhecimentos.

- ♦ É uma rotina; tenho o hábito de corrigir - como qualquer professor. Além disso, se for feita de forma consciente, acredito que alguma correção ou feedback é realmente útil.

- ♦ Corrijo por hábito, na esperança de que isso ajude o aluno a evitar o erro no futuro.

- ♦ Para evitar a fossilização de padrões errados e para chamar a atenção para alguns aspectos problemáticos da língua.

- ♦ Fui corrigido durante o meu percurso de aprendizagem e sinto que é uma parte importante do processo. Além disso, é uma parte importante da aprendizagem e uma forma de aprender uma língua.

- ♦ Fazer com que os alunos sejam capazes de se exprimir de uma forma que possa ser compreendida pelos outros.

- ♦ Faço-o porque quero que os meus alunos estejam conscientes de que cometem erros, e que cometer erros não é apenas uma parte inevitável de um processo de aprendizagem, mas também um sinal de uma espécie de progresso. Quero impedi-los de perguntar sobre estruturas e vocabulário incorrectos, frequentemente influenciados pela L1. Finalmente, quero ensinar-lhes como obter o que precisam, de forma eficaz.

Todas estas opiniões têm dois aspectos principais em comum, nomeadamente: o interesse dos alunos e o hábito do professor. A maior parte de nós, professores, parece preocupar-se acima de tudo com a exatidão dos nossos alunos e tenta levar à prevenção de erros.

A segunda pergunta era: "Quando é que corrige os alunos? Algumas das respostas anónimas e originais são apresentadas abaixo:

- ♦ Quando sei que o que o aluno disse não é aceitável.

- ♦ Corrijo os erros de pronúncia, durante os exercícios de treino e de gramática. Normalmente, tento não corrigir durante as actividades comunicativas: trabalho de grupo, trabalho de pares.

♦ Se os meus alunos insistirem em corrigi-los (normalmente os mais velhos).

♦ Se os exercícios de treino, os exercícios centram-se na exatidão. Além disso, corrijo os erros dos alunos também durante os exercícios comunicativos, quando a sua produção é impossível de compreender.

♦ Provavelmente também com demasiada frequência.

♦ Eu "falho" deliberadamente os erros linguísticos quando os alunos estão a realizar tarefas comunicativas (embora seja difícil não os corrigir).

♦ Normalmente, corrijo o texto escrito e concentro-me nos erros graves, nos erros gramaticais; no entanto, não negligencio os erros que aparecem no discurso. Por vezes, a correção é adiada para a aula seguinte.

♦ Testes ou trabalhos (gramática e ortografia), leitura (pronúncia). Quando um erro/erro torna um aluno (completamente) impossível de compreender.

♦ Para os meios de preservação da disciplina. Trabalho escrito quando os erros mostram que uma determinada regra (trabalhada) foi mal compreendida. Erros evidentes na fase inicial da prática da lição.

♦ Erros de pronúncia: são simples e fáceis de corrigir. Erros de coerência: muito difíceis de diagnosticar.

♦ Quase sempre, com exceção de alguns exercícios de prática livre ou quando a correção impede os alunos tímidos de exprimirem as suas ideias.

♦ Quando há tempo suficiente. Quando a correção não implica uma perturbação do fluxo ou da produção linguística do aluno.

♦ Tento ou tenho tendência para corrigir apenas os erros que interferem com a compreensão de um discurso oral ou escrito ou que são confusos para um ouvinte ou leitor.

♦ Nas actividades baseadas na fluência, abstenho-me sempre de qualquer tipo de correção, desde que o aluno fale de forma lógica. Tomo notas e tento indicar e assinalar os erros importantes, mas só depois de o aluno ter terminado.

♦ Se tivéssemos em mente a comunicação pura, a correção de erros deveria ser evitada ou feita após o exercício. Noutros casos, corrijo imediatamente, chegando mesmo a interromper os alunos. Sobretudo se se tratar de um erro gramatical grave ou durante os exercícios.

As últimas justificações da correção de erros (porquê e quando) são da minha autoria, escritas há quase dois anos. As minhas próprias razões para a correção, como tal, quase não mudaram desde então, mas a minha compreensão de todo o processo, a minha atitude em relação aos erros e as técnicas da sua correção nunca mais serão as mesmas. Uma coisa é certa: a maioria de nós, professores, tende a corrigir demasiado e com demasiada frequência. Além disso, parece que temos plena consciência desse facto. A comunicação é uma competência muito importante tanto para os alunos como para os professores e, surpreendentemente, não nos preocupamos tanto com os erros de comunicação como com os de gramática. Se um aluno é capaz de produzir um enunciado compreensível e a gramática que utiliza parece ser suficiente, porquê preocuparmo-nos tanto com isso?

Esta questão e muitas outras, relativas aos benefícios ou à falta deles decorrentes da correção explícita, levaram-me a procurar outra atitude em relação ao tratamento dos erros. Decidi demonstrar que uma menor correção dos erros gramaticais é possível, mas não é suficiente, e que influenciará, assim como diminuirá, os resultados dos testes gramaticais. Por outro lado, se a correção imediata fosse ligeiramente restrita e feita de uma forma simpática e amigável, recorrendo ao seguinte: linguagem corporal, reformulação, eco, expressões faciais, sons não verbais, frases simples, repetição com entoação duvidosa ou em contexto, seria muito superior à correção tardia. Os alunos ficariam satisfeitos e todo o processo de aprendizagem tornar-se-ia mais fácil, conduzindo assim a melhores resultados.

Gostaria também de mostrar que a correção imediata, especialmente se for feita de forma stressante, com técnicas como: apontar o erro diretamente, sem grande tempo de espera, indicá-lo automaticamente, muitas vezes com reprovação, e pedir a um colega que dê imediatamente a resposta correta, pode fazer mais mal do que bem.

Queria ver se os alunos chamam "ao vivo" com pouca correção e, se não, como vão compensar essa falta. Gostaria também de saber se uma correção muito reduzida por parte da gramática conduzirá a uma descida do nível da turma e não só influenciará seriamente os resultados dos testes, como também as capacidades de expressão oral, a precisão e a fluência. Suspeito que não conduzirá à autonomia dos alunos, pelo contrário, aumentará o seu nível de ansiedade.

Por último, quero provar que, no que diz respeito à gramática e à pronúncia, a correção imediata é muito mais benéfica do que a correção tardia, pouco ou nada. No entanto, no que diz respeito à comunicação e à transmissão de mensagens em conversas diretas, não é necessária praticamente nenhuma intervenção por parte do professor.

3.2. Temas

A investigação foi realizada numa escola secundária, em duas turmas do primeiro ano, com 31 alunos cada. Escolhi as primeiras classes porque tinham 4 horas de inglês por semana e não nos conhecíamos antes, pelo que não podiam dizer nada sobre os meus métodos de ensino. Eram como uma "carta branca", sem saberem das minhas intenções enganadoras, e eu podia facilmente escrever sobre "aquilo" como quisesse. Eram todos falsos principiantes e os níveis de proficiência das turmas eram quase idênticos. À primeira vista, notei um aluno muito inteligente no 1H e dois no 1A, enquanto os restantes pareciam ter um talento linguístico médio.

Agora, após um ano de trabalho, tenho de admitir que o número de alunos mais brilhantes não mudou, mas entre esses alunos normais há 4 mais fracos em cada turma. De um modo geral, o nível de conhecimentos e capacidades dos alunos de cada turma é praticamente o mesmo.

Tudo começou a 11 de novembro de[th] e durou quase um ano letivo inteiro. A ideia principal da investigação era aumentar a quantidade de correção na turma A e reduzi-la na turma H. Nunca teria suspeitado de quão doloroso e exigente seria o empreendimento.

3.3.   As dúvidas do investigador

Durante a primeira semana, estava sempre a lembrar-me de não corrigir os alunos da turma H, e posso admitir agora que isso me custou muito esforço, incluindo morder a língua muitas vezes numa só aula.

Não só me magoei fisicamente, como também a minha consciência não me deixou dormir bem. Senti-me muito mal porque não disse uma palavra aos meus alunos sobre todo o estudo. Falando francamente, receava que não funcionasse se eles fossem informados. As minhas dúvidas diziam respeito também ao lado ético da "história". Estava convencida de que poderia fazer muito mal à turma privada da correção de erros.

Além disso, tinha medo que, se eles se apercebessem do que se estava a passar, começassem a queixar-se aos pais e eu perdesse a autoridade de professor aos olhos deles. Quando eu era estudante no liceu, só me sentia seguro quando tinha a certeza de que estava perfeitamente correto. Por isso, se um professor não me tivesse corrigido, eu teria pensado que ele não sabia a forma correta.

Com todas estas dúvidas na cabeça, repetindo a mim próprio que era para o bem dos meus alunos e de outros professores, comecei o estudo. Devo também confessar que, logo no início, não sabia se devia optar pela correção ou pela não correção.

Como lecciono no Liceu Económico, a maioria dos alunos são raparigas, que são bastante caladas e não causam problemas graves de disciplina. Também parecem reparar em qualquer comportamento estranho por parte do professor, sendo menos desconfiadas e curiosas do que os rapazes. Como os meus leitores verão mais tarde, a partir do guião da gravação, ambas as turmas são muito simpáticas, cooperantes e não causam problemas de disciplina.

Para me lembrar de alguns acontecimentos interessantes que ocorreram durante as aulas ou apenas para registar as minhas próprias reacções e pensamentos, comecei a escrever um diário do professor. Citarei apenas uma amostra das observações abaixo na sua forma não adulterada.

3.4.   Métodos de recolha de dados

A primeira coisa em que comecei a colocar algumas provas foi no meu diário de professor. Depois, após quase um ano de ensino, preparei e realizei um teste que abrangia todo o material gramatical introduzido durante o período de aprendizagem. O passo seguinte foi gravar duas aulas de grupo idênticas, uma na turma A e outra na H. O objetivo principal era a introdução de um novo item gramatical, e precisamente apenas o seu rascunho, nomeadamente, o Present Perfect Tense para as acções que influenciam e têm resultados no presente. O guião da aula será apresentado e discutido mais tarde.

Alguns dias mais tarde, dei aos meus alunos outro teste, desta vez curto, sobre a matéria abordada durante a aula gravada, e alguns itens de vocabulário. A última coisa que decidi fazer foi transmitir um questionário sobre a correção.

3.5.   O diário do professor

Toda a investigação começou em 26 de novembro de[th] , 1998 e terminou em 4 de junho de[th] , 1999. Gostaria de apresentar algumas das observações mais interessantes e valiosas que observei e anotei:

♦ 1998-11-27 1H

Não pude deixar de corrigir os erros gramaticais, é a terminação - s do Present Simple que lhes causa problemas. *O casamento* pronuncia-se [meriaz] - nem pensar, tive de o corrigir. Não, não! Nunca vai funcionar, corrigi uma rapariga e não era necessário. Pensei que ela tinha dito *blusa*, mas na verdade era *azul*.

♦ 1998-12-7 1A

O que é que quer dizer chegar? perguntou um dos rapazes. Eu repeti a frase dizendo: *O que é que faz...........?* A resposta do aluno foi: *O que é que significa chegar?* Então perguntei mais uma vez: *O que é que chega...?* Desta vez, produziu uma frase perfeitamente correta.

♦ 1998-12-9 1H

Foi muito difícil não corrigir! Subconscientemente, mostro que algo está errado com a minha expressão facial ou linguagem corporal. Eles têm tendência para se corrigirem uns aos outros quando eu não reajo. Vi um erro que *gosto de jogar ténis* nos seus trabalhos de casa escritos e expliquei-o no quadro.

♦ 1999-01-05 1H

"Chá de arco significa 'muszka'?" Fiz esta observação e mordi a língua demasiado tarde. No entanto, o meu aluno não ouviu. É bom ou não? Devo repeti-lo novamente?

Ainda não estão conscientes das minhas intenções e da quantidade reduzida de correção. Fazem-me muitas perguntas. Ensinei-lhes alguns vocábulos novos, pronunciando-os apenas uma vez. As palavras eram nomes de profissões e vários alunos já as conheciam, pelo que corrigiram a pronúncia incorrecta dos colegas. No entanto, os que já conheciam as palavras ficaram confusos e não tinham a certeza do que estava correto.

Esforço-me por não corrigir. Pediram a pronúncia correta de *bridegroom*.

♦ *1999-01-06 1H*

Durante as fases de apresentação e prática da aula dedicadas a was/were, não corrigi as suas afirmações incorrectas. Alguns dos alunos sabiam que algo estava errado, outros não tinham a certeza, enquanto outros tomaram o facto como garantido.

♦ 1999-01-13 1H

Não sei se é resultado da falta de conhecimentos ou de feedback insuficiente, mas tanto os erros gramaticais como os de pronúncia repetem-se. Durante o trabalho de pares, uma das raparigas disse à sua amiga que não a conseguia entender: *Não sei como dizer isso.*

♦ 1999-01-14 1A

Corrigem-se uns aos outros espontaneamente. Estão mais ansiosos por saber a forma correta e são mais precisos do que a outra turma.

♦ 1999-01-18 1A

Concentrei-me nos verbos irregulares no Pretérito Simples e senti que alguns deles perceberam a ideia e tiraram partido do meu feedback.

♦ 1999-01-19 1H

Cometem erros muito graves! Escolhem por acaso as formas regulares e irregulares do verbo. Tentam adivinhar a forma correta! Mesmo que usem o mesmo verbo duas vezes, continuam a experimentar, olham para mim e esperam pela aprovação, mas eu finjo que não reparo. Agora quase não pedem esclarecimentos, só olham para mim.

♦ 1999-01-21 1A

Os alunos pedem a pronúncia correta e a forma gramatical com muita frequência! Não tenho de corrigir tudo, basta que eles tenham algum tempo e que depois cheguem à forma correta sem qualquer problema. Utilizo a minha linguagem corporal e expressões faciais com muita frequência e funciona! Não ficam zangados nem envergonhados quando se corrigem uns aos outros.

♦ 1999-03-02 1H

Estou surpreendido. Uma das raparigas perguntou-me sem rodeios: *sei nadar bem ou bem? O que é correto?* Há quase dois meses que não faziam perguntas deste género. Isso significa que precisam de ser corrigidas?

♦ 1999-03-04

Maciej, um rapaz, que é bastante fluente em inglês, produziu uma frase correta: *Ela comprou aquele carro na semana passada?* Um minuto depois, o seu amigo disse: *Ele comprou flores para a mãe?* Eu não prestei atenção ao erro, mas Kamila, outra boa aluna, perguntou: *O que é correto é 'buy' ou 'bought'? Não estou a perceber.* Tive de reagir.

♦ 1999-03-11 1H

Penso que estão confusos e desanimados. Falta-lhes motivação. Começaram a pedir-me novamente feedback e esclarecimentos. Também começaram a corrigir-se uns aos outros com mais frequência. Maciej corrigiu a pronúncia incorrecta de "pera" que Dorota produziu, mas ela ainda não tinha a certeza se ele estava certo ou não. Não fiz um único movimento, nem linguagem corporal, nem acenei com a cabeça.

♦ 1999-03-13 1A

Foi-lhes pedido que terminassem uma história de detectives dos seus livros. Meu Deus, quantos erros! Corrigem-se uns aos outros sem hesitar. Não deixam uma pessoa falar se os erros forem realmente graves. O mais estranho é que ninguém se sente envergonhado ou zangado com isso.

♦ 1999-03-16 1H

Foi-lhes apresentado o mesmo aspeto que a 1A, nomeadamente como fazer definições de empregos, mas esquecem-se constantemente do - s final.

♦ 1999-03-23 1A

Desta vez, formas comparativas e superlativas de adjectivos curtos. Eles não têm problemas com a forma correta, mas eu tentei importar quase todos os erros. É muito importante para eles obterem a forma correta.

O 1H comete muito mais erros.

♦ 1999-05-10 1A

A correção tardia não funciona! Reparei que, quando são imediatamente corrigidos, até escrevem a forma correta ou pedem esclarecimentos adicionais. Quando tento mostrar o erro passado algum tempo, não se lembram que o cometeram. Não corrijo todos os erros, apenas os mais graves e sinto que eles gostam. Estão conscientes dos seus erros e penso que isso os ajuda.

♦ 1999-05-10 1H

O seu nível de pronúncia e de gramática parece ser inferior ao da outra turma. É mais frequente não saberem o que dizer.

Ao ver estes erros, é realmente difícil abster-se de os corrigir.

♦ 1999-05-17 1A

A investigação está a chegar ao fim. Estes alunos parecem estar bastante confiantes nas suas capacidades linguísticas, mas não gostam de ser interrompidos.

♦ 1999-05-20 1H

Exigem abertamente a correção, fazendo perguntas a toda a hora. Não são autoconfiantes e procuram a minha aprovação. Até tentam que eu os corrija, cometendo erros de propósito e fazendo perguntas sobre eles. Suspeito que o seu nível de ansiedade é elevado. Têm ainda mais medo de falar do que tinham no início. Penso que preferem não dizer nada a fazer figura de parvos por não terem a certeza da forma correta.

Como as minhas notas parecem indicar, os alunos privados de correção tentaram compensar isso no início. Corrigiam-se uns aos outros com entusiasmo, embora continuassem à espera da minha aprovação. A meio da investigação, desistiram e voltaram a fazê-lo no final.

Como ainda não tinham a certeza do que estava certo e do que estava errado, pediram abertamente explicações. Isto mostra que não conseguem viver sem um feedback corretivo. Também não se sentiram mais relaxados ou autoconfiantes do que os seus colegas do 1A. Pelo contrário, foram-se tornando cada vez mais confusos e começaram a perder a motivação e a necessidade de produção oral. Também não conseguiram avaliar o que sabiam realmente e o que apenas suspeitavam estar correto.

Por outro lado, os alunos que eram regularmente corrigidos desenvolveram o hábito natural de pedir esclarecimentos, corrigir os colegas e respeitar os erros dos outros. Em vez de interromperem, começaram a utilizar a linguagem corporal, as expressões faciais, a repetir as afirmações erradas com entoação duvidosa, a fingir que não perceberam, como se estivessem a copiar depois de mim. Penso que agora estão conscientes dos seus erros e sabem que podem aprender muito com eles.

3.6. O teste e os seus resultados

O teste abrangeu os principais itens gramaticais introduzidos durante este ano de aprendizagem e incluiu exercícios com dois níveis de dificuldade (básico e mais avançado). Verificou principalmente o conhecimento dos seguintes tempos verbais: Presente Simples, Presente Contínuo, Passado Simples e Futuro Simples. Havia também itens gramaticais como "formas comparativas/superlativas de adjectivos", advérbios, "to be going to", "there is/are", "some/any", verbos modais (can, could, should, must, need) para capacidades, ofertas, sugestões e permissões. Os alunos dispuseram de 45 minutos para o fazer e metade deles conseguiu completá-lo mais cedo.

Também queria ver se eram capazes de comunicar em situações do quotidiano (tarefa XI) e se conheciam algum vocabulário básico. Na turma 1A, por exemplo, durante as aulas, prestei especial atenção à produção de formas corretas de perguntas - tarefa VI, e à definição de empregos - tarefa X, razão pela qual as incluí no teste (ver Anexo 1). Para ver os resultados individuais pormenorizados, consulte o Anexo 2.

Resultados dos testes

As figuras 1 e 2 indicam a percentagem de pontos que todos os alunos obtiveram em cada tarefa individual.

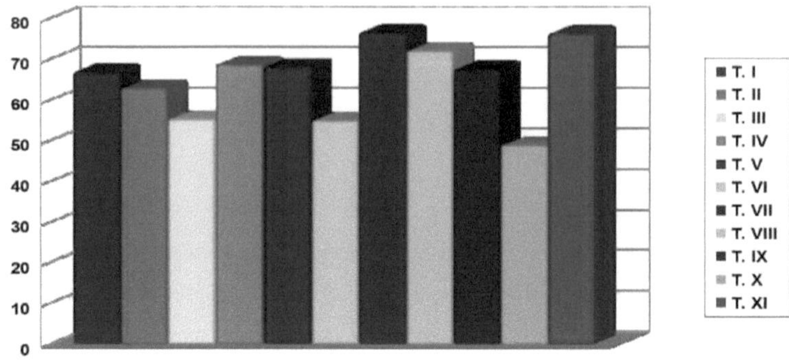

Pt. in %

Figura 1, 1A, Pontos (Pt.) obtidos por todos os alunos em cada tarefa (T)

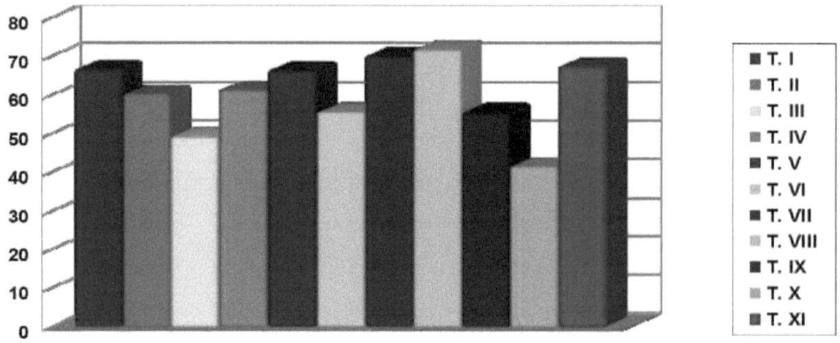

Pt. in %

Figura 2, 1H, Pontos (Pt.) ganhos por todos os alunos em cada tarefa (T)

Os resultados indicam claramente que a turma H obteve menos pontos em cada tarefa. Podemos concluir que a falta de correção influenciou não só o conhecimento e a proficiência gramaticais (ex.: tarefa VI), mas também as competências comunicativas (tarefa IX).

A Figura 1 mostra que, para ambas as turmas, as tarefas mais fáceis foram as VII, VIII e XI, mas as pontuações da 1A são muito mais elevadas, respetivamente: 78,56%, 72,41% e 76,25%, enquanto as do 1H são definitivamente mais baixas: 67,91%, 69,58% e 65,32%.

É evidente que a população estudada não é grande, mas mesmo nestas condições as discrepâncias são visíveis.

A Figura 3 mostra a percentagem do total de pontos obtidos por todos os alunos de ambas as turmas.

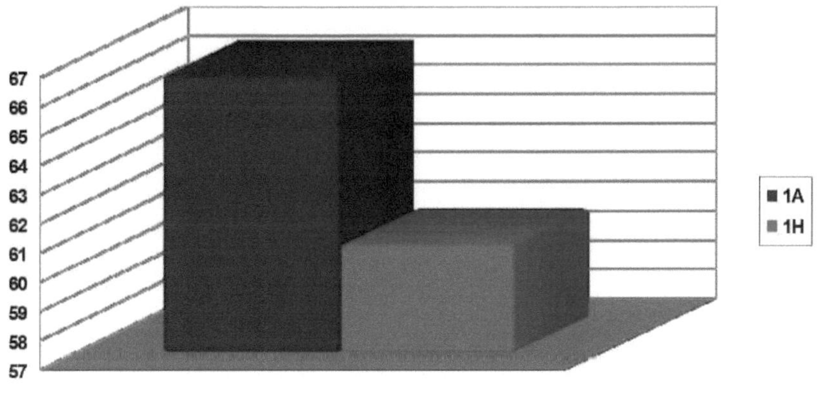

Figura 3 Percentagem de pontos (Pt.) obtidos por todos os alunos (1 A, 1H)

Como os números indicam, a turma 1A obteve 1994 pontos em 3000, o que corresponde a 66,47%, enquanto a turma 1H obteve 1881,5 pontos em 3000, o que corresponde a 60,69%. Atrevo-me a salientar que 6% numa população tão pequena pode ser significativo.

Os dois gráficos seguintes, nos. 4 e 5, ilustram o número de alunos que obtiveram determinadas classificações.

A Figura 4 apresenta a divisão dos pontos (percentagem) que os alunos conseguiram obter em três categorias: 0-49.5; 50-74.5; 75-100. Isto permite-nos dividir os sujeitos em três classes gerais: mais pobres, médios e bons, e depois comparar os seus resultados.

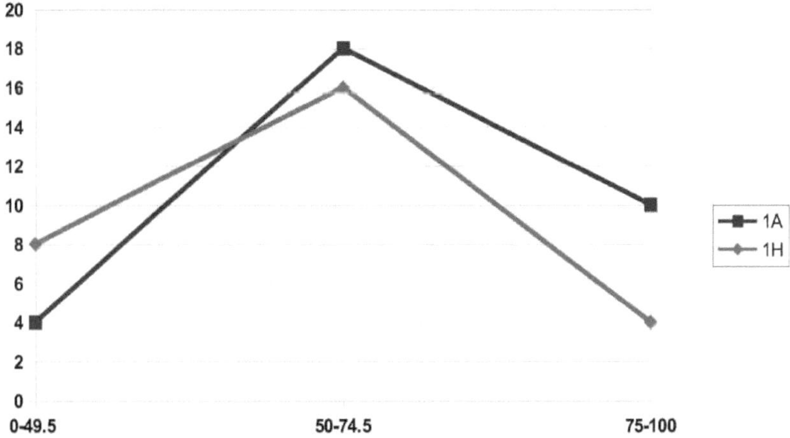

Figura 4 1A/1H, número de alunos com determinadas classificações

Este diagrama mostra que, na turma 1A, apenas 4 alunos obtiveram menos de 50 pontos, 16 obtiveram entre 50 e 74,5 pontos e 10 obtiveram mais de 75 pontos.

Enquanto na turma 1H o dobro dos alunos obteve menos do que o mínimo exigido (50 pontos), 19 deles obtiveram entre 50 e 74,5 pontos e apenas 4 conseguiram alcançar os bons resultados, acima de 75 pontos.

O diagrama do ninho, n.º 5, apresenta uma divisão mais pormenorizada dos pontos. Desta vez, para ver mais claramente as discrepâncias, distingui oito níveis de pontos: 0-30; 3149.5; 50-59.5; 60-69.5; 70-74.5; 75-79.5; 80-89.5; 90-100. Desta forma, consigo também avaliar mais uma categoria de alunos: os mais brilhantes.

Como podemos observar, na turma A não houve nenhum aluno com um resultado inferior a 30% e ainda quatro que obtiveram menos do que o mínimo exigido, ou seja, 50%. Enquanto na turma H uma pessoa obteve um resultado inferior a 30% e outras sete menos de 50%, houve 7 alunos na turma A e 5 na H cuja classificação foi de 50 a 59,5%. Estes números parecem mostrar que há alunos mais pobres em ambas as turmas, mas a maior parte dos alunos da turma 1A (7 em cada) conseguiu atingir o mínimo exigido, enquanto na outra turma, apenas 5 em cada 13 o conseguiram.

Se olharmos para o nível seguinte, nomeadamente de 60-69,5 pontos, os resultados indicam que há também alunos médios, 4 em A e 6 em H. O nível seguinte, de 70 a 74,5%, é dominado por alunos de 1H (8 alunos), uma vez que há apenas 5 de 1A. Por fim, os níveis seguintes, de 75 a 79,5 e de 80 a 89,5, correspondem aos alunos considerados bons e muito bons. Desta vez, 1A domina definitivamente, uma vez que 9 alunos conseguiram atingir este nível, enquanto que em 1H apenas três disciplinas obtiveram os mesmos resultados. No que respeita aos alunos mais brilhantes, com resultados acima de 90%, há um em cada turma.

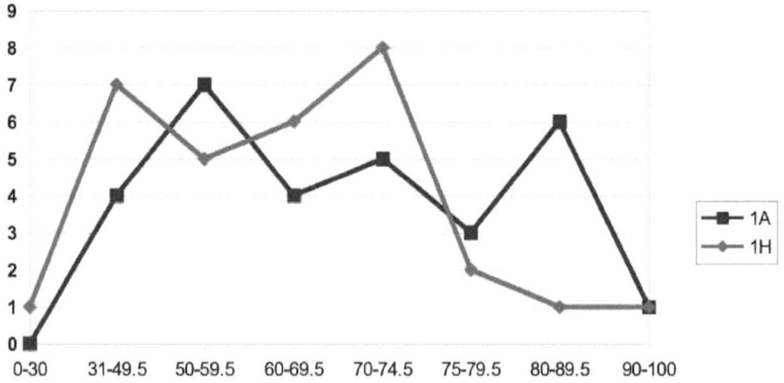

Figura 5 1A/1H número de alunos com determinadas classificações

Estes resultados permitem-me concluir que a falta de correção não influenciou fortemente aqueles que foram os melhores. No entanto, se tivermos em conta os alunos médios, no 1H os que estão ligeiramente acima do mínimo exigido obtiveram piores resultados do que os seus colegas da turma correspondente. A mesma situação verifica-se se considerarmos os alunos bons e muito bons.

Na turma sem correção, os resultados dos alunos acima referidos caíram para o nível médio.

Resumindo, suspeito que se ambas as turmas tivessem recebido a mesma quantidade de feedback corretivo, os resultados do teste teriam sido semelhantes, se não idênticos.

Por conseguinte, a correção parece ter efeitos benéficos e não destrutivos.

3.7. Aulas gravadas

Gravei duas aulas de grupo, uma na turma A e outra na H. Havia 15 alunos em cada turma, o que permitiu um exame mais atento de cada aluno. O plano das duas aulas era idêntico e as etapas também.

Os principais objectivos das aulas eram introduzir o Present Perfect Tense para a ação que tem um resultado no momento da fala, e levar os alunos a utilizar sugestões e conselhos relacionados com o item gramatical acima mencionado. Queria mostrar que a falta de correção pode levar a uma má produção, confusão e aumentar o nível de ansiedade e reticência dos alunos.

Gostaria de apresentar apenas as partes em que houve ou deveria ter havido correção e, em seguida, o seu impacto nos referidos aspectos.

CORRECÇÃO DE ERROS NA SALA DE AULA - pouco feedback fornecido

Anita Zytowicz, 1H, ZSEA Bydgoszcz, 1999.

Fase de aquecimento, o T apresenta aos Ss o novo tópico.

1. T - Vou mostrar-vos uma coisa. Olha! O que é que eu estou a fazer?

2. S1: A subir. (*Está a abrir a porta*)

3. Ss: Abrir a porta.

4. T: Estou a abrir a porta. Certo, hum. E agora? (*T: Fechando a porta*)

5. Ss: Fecha a porta.

6. Sim... Acabei de fechar a porta. Não é? Acabei de fechar a porta. Agora, acabei de abrir a porta. Eu tenho....

7. Ss: ... fechou a porta.

8. T - Está bem, ótimo. Fechou a porta. O que é que eu estou a fazer agora? (*T procura uma caneta no saco*)

9. S1: Procura alguma coisa na tua mala.

10. T - Oh, é verdade! Oh, sim, encontrei-o! Encontrei o meu...?

11. Ss: Caneta. Uau!

12. ESTÁ BEM. Então o que é que eu fiz?

13. S1: Encontrei, ... encontraste.

14. Sim, encontrei a minha caneta.

A fase seguinte consistiu na apresentação e explicação das regras gramaticais. Alguns alunos tentaram construir frases que foram cortadas em pedaços e colocaram-nas no quadro. Os restantes tiveram de as escrever. O T só intervém se as frases não forem lógicas.

Prática. Cópias com um exercício. T: ... escreve uma frase para cada imagem. O que é que acabou de acontecer? Se quiseres, podes trabalhar em pares.

Enquanto escrevia, T não se afastava da sua secretária:

15. S1: *Pani profesor, ale nie moze bye, ze* Ela ganhou a taça de ténis, *nie? Bo tu musi bye w tym...*

16. T - Ganhou.

17. S1: *No to dobrze?*

18. T: Isto... sim. Ela ganhou.

19. S1: *Czyli nie trzeba wstawiae 'just'?*

20. T (sorrindo): Não, claro que não. [...]

21. S1: Ela tem ... Ele acabou de partir os óculos.

22. S2: Ela tem ...

23. S1: Partiu os óculos.

24. S2: Wiem.

25. S1: *Pani profesor? Tam gdzie sq ci nowozency...* eles ... casaram?

26. T - Eles têm de ir...

27. S1: ...t casado?

28. T - Ah, eles casaram-se.

29. S1: *A tu trzeba* 'got'?

30. Sim, "got" é necessário. To 'get married' significa 'casar um com o outro'.

31. S1 (para S1): *Zle robisz. (dirigindo-se ao professor) Ale tu nie trzeba do wszystkiego 'got',
nie? Na przykiad tam gdzie jest.... Hm....*

32. T: Não ...

33. S1: *Ale na przykiad tam gdzie ta ziamana noga. To moze bye tak jak ona ma ... Ele partiu-se ...*

34. S3: A perna.

35. T: Ele partiu a perna. (*Não há resposta dos alunos*) [...]

A tarefa seguinte consistia em ler em voz alta as frases que tinham escrito. Quase não corrigi erros, porque a maioria das frases estava correta.

Depois, a produção. Os alunos receberam pequenos pedaços de papel com uma imagem e foram convidados a andar pela sala de aula a contar uns aos outros o que tinha acontecido.

Sem intervenção do professor.

Quando os alunos tiverem terminado:

36. T: Senta-te. Obrigado. Agora vão dizer-me o que fizeram e o resto da turma vai escrever.
Estão a perceber?

37. Ss: Sim.

38. T: Muito bem, vamos começar pelo Marcin.

39. S4: Eu tenho a carta.

40. S1: Ela acabou de receber a carta.

41. T - Ahá *(apontando para a pessoa seguinte)*

42. S5: Ele lavou o carro.

43. T: Escreve.

44. S10: Está correto?

45. T: Magda, a tua frase outra vez, por favor.

46. S5: *Ja?*

47. T: Sim.

48. S5: Ele lavou o carro.

49. S3: Ele saltou de para-quedas.

50. T: Przemek?

51. S1: Acabei de assustar o gato.

52. T - Aha. Bem, acho que o gato fez alguma coisa.

53. S1: Ele acabou de partir o vaso.

54. T: É verdade.

55. S1: *Ale moze bye, ze przestraszytem go.*

56. T (sorrindo): Sim, é possível. ESTÁ BEM. Danka?

57. S6: Ele teve um acidente.

58. T: Muito bem. MUITO BEM. Ania?

59. S7: Ela assaltou um banco.

60. T (sorrindo): Ótimo, é possível. Talvez ela tenha ganho muito dinheiro. Marta?

61. S9: Ela ... vendeu uma casa...

62. T: Aha, ... (interrompido)

63. S6: Ela vendeu uma casa.

64. T: OK. Patrycja?

65. S11: Ele lavou a loiça.

66. T: Obrigado, Karolina?

67. S12: Ele magoou o dedo.

68. T: Malgosia?

69. S2: Eles têm ...

70. T - Fala mais alto, por favor.

71. S2: Eles ganharam ... ganharam uma bola de futebol.

72. T - E a última?

73. S13: Ela fez um bolo.

74. T (*passando à fase seguinte da aula, respostas espontâneas*): Agora diz-me o que <u>devo</u> fazer. OK. Perdi o meu passaporte.

75. S1: Faz outra. (*Tpretende não ouvir*) Faz outra.

76. T - OK ... tive um acidente. O que é que devo fazer?

77. S1: Vai ao hospital ... o teu seguro, podes ...

78. T - Estou a ver, tenho de entrar em contacto com a minha seguradora. É isso que queres dizer?

79. S1: Sim.

80. T - Parti uma perna.

81. Ss: Tens de ir ao hospital.

82. S1: Corre, tens de correr. (*Toda a gente ri*)

83. T - Agora, parti a janela do meu vizinho.

84. S1: É necessário colocar uma nova janela.

85. S5: Comprar.

86. T - OK. Esqueci-me do aniversário da minha mãe.

87. S1: Há-de haver a seguir. (*Ss ri*)

88. T (*sorrindo*): Então quer dizer que não me devo preocupar. (*S1 acena com a cabeça*) Agora, vais tentar adivinhar o que aconteceu. ESTÁ BEM? Deves pedir desculpa à professora. Deves dizer 'I'm sorry'.

89. S1: Sentiu-se ... hmm ... insultou o professor.

90. T - Bem, insultou o professor. Mais alguma ideia?

91. S10: Tu ... *jak jest spoznic* ... tu ... esperaste? *Nie.*

92. T & S6: Atrasado.

93. S10: Peço desculpa, ... Peço desculpa pelo atraso...

94. T - Devias chamar a polícia.

95. S1: Assaltaste o banco.

96. T - Então, roubei o banco e devo chamar a polícia?

97. S1: Sim.

98. T (*sorrindo*): Óptima ideia!

99. S8: Alguém ... hum ... assaltou o banco.

100. T: Estou a ver. Devias falar com os teus pais.

101. S10: Tenho um problema.

102. S8: Fiz algo de errado.

103. T: Muito bem! Mais uma vez. Devias esforçar-te mais.

104. S1: Tens ... (*interrompido*)

105. S10: Eu estava ... *jak jest leniwy?*

106. S1: Preguiçoso. Tu és muito ... (interrompido novamente)

107. S8: Eu tenho uma nota má. T: OK. Obrigada (*a aula termina nesta altura*)

CORRECÇÃO DE ERROS NA SALA DE AULA - quantidade típica de feedback Anita Zytowicz, 1A, ZSEA Bydgoszcz, 1999.

Fase de aquecimento, o T apresenta aos Ss o novo tópico

1. T - Por favor, olha para mim, está bem? O que é que eu estou a fazer agora?

2. Ss: Andar.

3. T - O que é que estou a fazer agora?

4. Ss: Abrir a porta.

5. T - Está bem, vou abrir a porta?

6. Ss: Abrir, ... fechar.

7. T - Olha! Acabei de abrir a porta. E agora acabo de ...

8. Ss: Fecha a porta.

9. T: OK. Está bem. O que é que estou a fazer agora? (*T procura uma caneta no saco*)

10. Ss: À procura de algo.

11. T - Sim, estou à procura de uma coisa. De que é que eu estou à procura?

12. S1: Chaves.

13. S2: Uma caneta.

14. T - Eu tenho ... O que é que tu achas?

15. S2: Encontrado.

16. T - Encontrei uma caneta, muito bem.

A fase seguinte consistiu na apresentação e explicação das regras gramaticais. Alguns alunos tentaram construir frases que foram cortadas em pedaços e colocaram-nas no quadro. Os restantes tiveram de as escrever. O T só intervém se as frases não forem lógicas.

Praticar. Cópias com um exercício. T: ... Eu gostaria de escrever o que acabou de acontecer. Podem trabalhar em pares.

Enquanto escrevia, T andava entre os alunos, respondendo às suas perguntas e corrigindo principalmente os erros ortográficos. Não havia ninguém que dominasse o número de perguntas.

17. S6: O que é este "s"?

18. T - OK. Aí tens o "she's". Qual é a forma longa?

19. Ss: Ela tem.

20. T - É verdade. Magda, o que é que ela fez?

21. S6: Ela ... cozinhou.

22. T: Aha!

A tarefa seguinte consistia em ler em voz alta as frases que tinham escrito. Vou apresentar apenas o fragmento em que houve correção.

23. T: Vamos para o nº 7.

24. Ss: Ele teve um acidente.

25. T - Não tenho a certeza.

26. S8: Ele teve um acidente ...

27. S4: ... ou ele tem uma paixoneta.

28. T - Quer dizer que ele tem acidentes de viação todos os dias?

29. Ss: Ele tem ...

30. T: *Mia/.* Qual é o verbo?

31. Ss: Tinha.

32. T: Então, ele tem ... (*Espera que os Ss acabem*)

33. Ss: Tinha.

34. T: Sim, ... (*utilizando a linguagem corporal para indicar que devem formar uma frase completa*)

35. Ss: Ele teve um acidente.

36. ESTÁ BEM. Vamos continuar. Estão a perceber-me?

37. Ss: Sim.

Depois, a produção. Os alunos receberam pequenos pedaços de papel com imagens e foram convidados a andar pela sala de aula a contar uns aos outros o que tinha acontecido. Não houve intervenção do professor. Divertiram-se muito com este exercício e foram bastante ruidosos. Ouvido:

38. S4: Ele perdeu a carteira.

39. S11: Eles ganharam a matemática.

40. S5: Eles ... tem, ... tem brigado.

41. S13: Ela tinha perdido os ... óculos.

42. S2: Eles comeram comida. São muito gordos, muito gordos.

43. S1: Oh, meu Deus! Ela recebeu uma carta.

44. S7: *Nie widzg.* Não, eles acabaram de assaltar o banco.

45. S10: Ele magoou o dedo.

46. S3: Ela vendeu a casa. Ela está feliz.

Quando os alunos tiverem terminado:

47. T: Obrigada. Sentem-se. Guardem os vossos papéis. Obrigada. Agora, um por um, mostrem o vosso papel mais uma vez e contem-nos o que aconteceu.

... E todos vocês vão escrever as frases.

48. S4: Acabei de cair da bicicleta.

49. T - Caiu da bicicleta? Sim? (*S acena com a cabeça*)

50. S3: Ela vendeu ... ela vendeu ... ela vendeu a casa dela.

51. T - Ah, sim. Ela vendeu a casa. OK. A seguir, por favor.

52. S1: Ela acabou de ganhar ...

53. T (*dirigindo-se aos alunos*): Oh, ele acha que ela acabou de ganhar alguma coisa. O que é que vocês acham?

54. S12: Ela abriu a carta. Ela recebeu alguma coisa.

55. T - Sim, ela escreveu a carta ou leu a carta. Certo.

56. S8: Ele limpou a cozinha.

57. T: Sim. Ele limpou a cozinha ou ...

58. S8: Ele lavou a loiça.

59. T - Sim, ele está a lavar as mãos.

60. S8: Ele lavou a loiça.

61. T - Não é preciso dizer "pratos" quando se diz "para cima".

62. S8: Porquê?

63. T - Porque significa o mesmo. [... *não foi necessária nenhuma correção*].

64. S2: Eles comeram ... tomaram o pequeno-almoço.

65. T - É possível, ou pode ser o jantar.

66. S14: Eles tomaram ...

67. T: Eles têm ...

68. S14: Tomou

69. T: Eles têm ...

70. S14: Eles acabaram de ... uma discussão.

71. T - OK. Eles acabaram de ... ha...?

72. Ss: Tinha.

73. T: Exato. Acabaram de ter uma discussão. Malgosia?

74. S14: Acabaram de ter uma discussão.

75. S6: Ou discutiram.

76. T (*passando à fase seguinte da aula, respostas espontâneas*): OK. Agora, aconteceu uma coisa. Acabou de acontecer uma coisa. Eu digo-vos o que foi e vocês dão-me alguns conselhos. ESTÁ BEM? Está bem. Perdi o meu passaporte. O que é que devo fazer?

77. S4: Onde é que estás?

78. T - Estou em Itália e perdi o meu passaporte.

79. S6: Deves ir à embaixada.

80. T: Embaixada? Sim. ESTÁ BEM.

81. S3: Embaixada ... Embaixada da Polónia/

82. T - Tive um acidente.

83. Ss: Devias chamar a polícia.

84. T - Mais alguém ou só a polícia?

85. Ss: Ambulância ou médico.

86. T - Parti uma perna.

87. Ss *(rindo)*: Devias ir ...

88. T *(sorrindo)*: Eu vou-me embora. Perdi a minha carteira.

89. Ss: Deves ... ir ... para ...

90. S1: *Biuro rzeczy znalezionych.*

91. T: OK. Serviço de perdidos e achados. Estou atrasado para o meu avião.

92. S9 *(rindo):* Devias correr ...

93. S11: Tens de comprar um bilhete para o próximo avião.

94. T: Pronto, ganhei 1 milhão de dólares.

95. Ss: Devias ir de férias.

96. S4 *(sorrindo)*: Devias dá-lo aos alunos.

97. Ss *(rindo)*: Sim, sim.

98. T *(sorrindo)*: Devo dá-lo aos alunos? Hmm, ... Esqueci-me do aniversário da minha mãe.

99. Ss: Oh não! Devias telefonar-lhe ... devias pedir desculpa.

100. T: Pedir desculpa?

101. Ss: ... Pede desculpa à tua mãe.

102. T - Agora, parti uma janela da casa do meu vizinho.

103. Ss: Deves ... hmm ... pagar o dinheiro. Devias comprar uma janela nova. Deves devolver o dinheiro.

104. T - Agora! Eu digo-te o que devo fazer e tu dizes-me o que aconteceu. OK. Deves pedir desculpa à professora. Deves dizer "desculpa".

105. Ss: Eles têm ... eles têm ... tarde.

106. T - Eles <u>atrasaram-se</u>? <u>Atrasaram-se</u>?

107. Ss: Sim.

108. S2: Discutiu com o professor.

109. T - Devias chamar a polícia.

110. Ss: Eles assaltaram um banco ... roubaram alguma coisa.

111. T - Ele devia falar com os pais.

112. S9: Ele bebeu álcool.

113. T - Ele teve alguns problemas?

114. Ss: Sim.

115. T - Mais uma. Ele devia esforçar-se mais.

116. Ss: Ele ... passou ... no teste.

117. T - Ele não passou no teste.

118. S10: Sim, falhou.

119. Obrigado.

A análise do guião da cassete parece indicar que as capacidades de expressão oral da turma que recebeu menos feedback corretivo (1H) são inferiores às da turma 1A. Além disso, os alunos da turma 1H usam muito mais o polaco e pedem confirmação com mais frequência do que os da turma 1A. Como não estão habituados à correção, parecem não reparar nela, mesmo que ocorra (ex. 33-35, 1H).

Além disso, parecem ser menos confiantes e bastante relutantes em falar, pelo que a aula é dominada por um aluno (S1). Ele tenta controlar o processo de tomada de vez e, por vezes, até corrige os outros.

O nível de ansiedade destes alunos parece ser bastante elevado. O efeito da falta de correção pode ser claramente observado durante a fase de prática (itens 34-73), quando os alunos não têm a certeza do que está errado e do que está certo. No entanto, a influência mais forte pode ser notada durante a fase de produção. Registaram-se muitos erros no fluxo livre do discurso, ou seja, no fluxo de palavras isoladas e de enunciados simples (itens 74-107).

Se analisarmos a aula dada em 1A, parece não haver líderes que dominem a turma. Quase todos os alunos participaram na aula e, o que é mais importante, tentaram falar a toda a hora. Isto pode sugerir que o seu nível de ansiedade e reticência era bastante baixo. Se não tinham a certeza de alguma coisa, negociavam o significado com o professor (itens 59-63, 77).

Como, em geral, houve menos erros do que na aula com 1H, suspeito que, quando a correção foi feita, muitos alunos tiraram partido dela, e não apenas a pessoa a quem foi dirigida. Isso provaria a teoria de que a correção pode ser mais benéfica para os outros do que para o aluno corrigido.

Finalmente, embora em 1A eu não tenha corrigido todos os erros, a produção dos alunos na última fase da aula foi muito melhor do que a de 1H. Foram capazes de falar com frases completas, utilizando corretamente o verbo "should".

3.8. O questionário

O questionário foi redigido em polaco para que os estudantes se sentissem mais à vontade e para evitar mal-entendidos. A sua forma original encontra-se no Anexo 3. Mais uma vez, as turmas A (27 sujeitos) e H (31 sujeitos) foram convidadas a responder às perguntas. Foi-lhes dito que era apenas para fins de investigação e que não influenciaria as suas notas finais. De facto, este foi o único aspeto do questionário com que se preocuparam. Algumas das perguntas eram do tipo Sim/Não e outras incluíam algumas possibilidades de escolha. Desta forma, pretendi analisar a correção e a gestão de erros de uma perspetiva mais próxima. No segundo tipo de perguntas, os alunos escolhiam frequentemente duas ou mesmo mais respostas, pelo que os números indicam o número de vezes que cada possibilidade foi selecionada. Ao realizar o questionário, queria saber se os alunos achavam que a correção era necessária e qual era a sua ideia da mesma. Tinha também curiosidade em saber se existiriam fortes diferenças entre os pontos de vista das duas turmas respetivas. Os resultados são os seguintes:

Perguntas	1A	1H
1. Há quantos anos está a aprender inglês?	1 ano - 10p 2 anos - 0p 3 anos - 0p 4 anos - 0p 5 anos - 9p 6 anos - 5p 7 anos - 2p 8 anos - 0p 9 anos - 1p	1 ano - 13p 2 anos - 1p 3 anos - 1p 4 anos - 2p 5 anos - 7p 6 anos - 2p 7 anos - 2p 8 anos - 2p 9 anos - 1p
2. Porque é que aprende inglês?		
A. os meus pais dizem-me para o fazer	1	0
B. trabalhos futuros, estudos, etc.	23	31
C. para viajar	8	17
D. Gosto e quero	15	15

E. Outros:		
disciplina obrigatória na escola	3	2
3. Falar corretamente é importante para si?	SIM - 27 NÃO - 0	SIM - 31 NÃO - 0
4. Acha que um professor deve corrigir os erros orais dos alunos?	SIM - 25 NÃO - 2	SIM - 30 NÃO - 1
5. Corrige os erros dos outros?	SIM - 14 NÃO - 13	SIM - 18 NÃO - 13
6. O que é que sentes quando és corrigido?		
A. Sinto-me envergonhado	3	4
B. Não me sinto envergonhado, é normal e todos cometemos erros.	18	15
C. Estou mais auto-confiante; pelo menos conheço os meus pontos fracos.	13	16

D. Estou nervoso	3	7
E. Outros: ♦ deve ser feito de forma suave	1	0
♦ tratá-lo como uma piada	0	1
7. Achas que podes aprender inglês na escola?	SIM - 20 NÃO - 5	SIM - 27 NÃO - 4
8. De que é que gostas mais?		
A. Escuta	11	18
B. Escrita	9	9
C. Leitura	16	18
D. Falar	15	12
9. Podemos aprender com os nossos erros?	SIM - 25 NÃO - 2	SIM - 28 NÃO - 1
10. Os teus erros são o resultado de:		
A. Pouco tempo dedicado à aprendizagem	20	18

B. Tempo de aprendizagem demasiado curto	6	7
C. Demasiada pouca correção	1	1
D. Não sei o que estou a fazer de errado	4	8
E. Outros		
11. Que correção prefere?		
A. Imediata mas sem interrupção	26	29
B. No final da aula	2	0
C. Durante o intervalo	0	1
D. Outros		
12. O professor deve indicar o erro com:		
A. Linguagem corporal, expressões faciais	5	4
B. Repetindo-o com intionação duvidosa	4	10
C. Palavras: "Não, mais uma vez.", "Errado", "Disparate", etc.	0	0
D. Palavras: "Não tenho a certeza", "Nem por isso", "Bem...", etc.	18	20

E. Pedir a um colega para obter a resposta correta	4	6
13. Se o T não o corrigisse mas o seu amigo o fizesse, pensaria que:		
A. Tudo estava correto	1	3
B. Não se registaram erros graves	7	9
C. O T não sabia como o fazer	2	0
D. Não tem a certeza se tem razão ou se é o seu amigo	13	11
E. Algo estava errado, mas não tem a certeza do quê	17	13
14. Gostaria de ter algum para auto-correção?	SIM - 22	SIM - 27
	NÃO - 5	NÃO - 4
15. Concorda com a afirmação:		
Cometer erros é um sinal de que estou a aprender, a desenvolver as minhas capacidades e é natural".	SIM - 26	SIM - 28
	NÃO - 1	NÃO - 0

16. Achas que é possível aprender uma língua estrangeira sem ser corrigido (na escola)?	SIM - 2	SIM - 5
	NÃO - 25	NÃO - 26

Os resultados mostram que todos os alunos querem falar corretamente. Surpreendentemente, quase não existem diferenças nas respostas entre as turmas, pelo que os dados podem ser analisados como um todo. Mais de 90% pensam que o professor deve corrigir os erros orais dos alunos, que estes indicam o progresso dos Ss e que podemos aprender com os nossos erros. Por outro lado, cerca de 90% acreditam que é impossível aprender uma língua estrangeira sem correção, mas apenas 50% admitem que corrigem os outros. Felizmente para nós, professores, quase 80% pensam que podem aprender inglês na escola.

A sua motivação para a aprendizagem parece ser bastante forte: um futuro emprego, estudos e viagens. No que respeita às causas dos seus erros, as respostas mais frequentes foram: pouco tempo dedicado à aprendizagem, tempo de aprendizagem demasiado curto e não saber onde está o erro.

Todos os alunos concordam que devem ser utilizadas palavras simpáticas e encorajadoras (12 D), e não rigorosas (12 C), para indicar o erro. A linguagem corporal e as repetições também foram bastante apreciadas pelos alunos.

Infelizmente, os meus alunos parecem não confiar inteiramente em mim. Se não receberem nenhum feedback corretivo da minha parte, mas receberem algum dos seus amigos, ficam confusos, perdidos, ansiosos e sentem que algo está errado.

Por último, a maioria dos aprendentes parece compreender que os erros são naturais, que toda a gente comete erros e que não há motivo para ter vergonha. Consideram a correção como uma ferramenta útil ou mesmo necessária na aprendizagem. A maioria dos alunos coloca a correção imediata em primeiro lugar e a correção diferida é totalmente rejeitada.

3.9. Um pequeno teste

Uma semana após a aula gravada, os alunos fizeram um pequeno teste sobre o Present Perfect, *should* e alguns itens de vocabulário (ver Apêndice 4). Tiveram mais uma aula sobre o tema, cujo principal objetivo era a introdução de perguntas e frases negativas no PP. A partir dos resultados do teste, queria descobrir, acima de tudo, se uma menor correção influencia o comportamento dos alunos apenas durante a aula ou também os resultados do teste. Como se tratava principalmente de tradução, os itens do teste foram ditados e o tempo limite era de 15 minutos. Havia 30 alunos na turma 1A e 25 na turma 1H. Sinto-me obrigado a informar o leitor de que 4 alunos mais fracos do 1H não compareceram e, por conseguinte, não participaram no estudo.

Resultados curtos dos ensaios

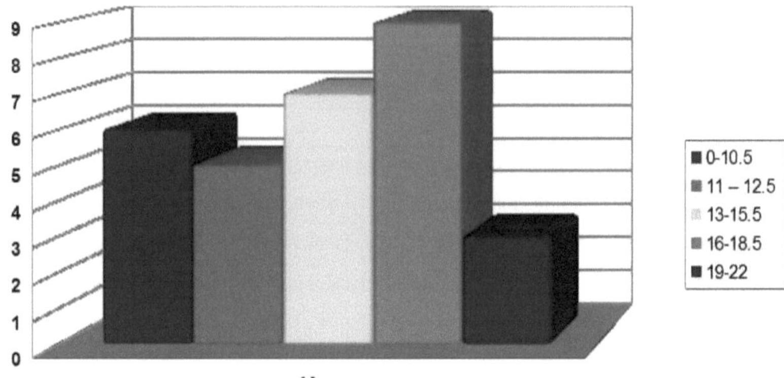

Figura 6,1A quantidade normal de feedback corretivo, Present Perfect

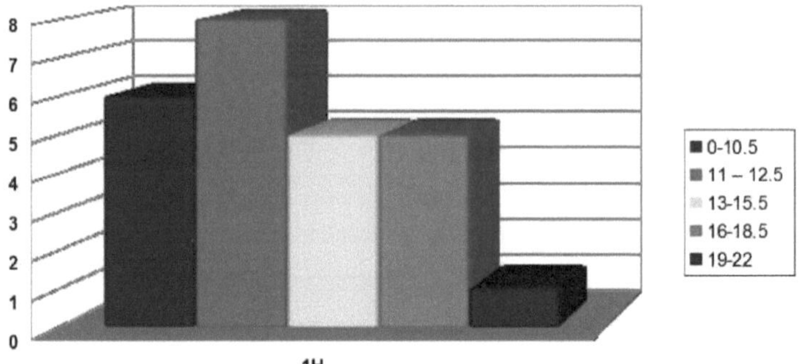

Figura 7,1H quase nenhum feedback corretivo, Presente Perfeito

As notas dos testes foram divididas em cinco categorias: abaixo do mínimo (0-10,5), mínimo exigido (11-12,5), médio (13-15,5), bom (16-18,5) e muito bom (19-22). Comparando os dois diagramas, podemos ver que em ambas as turmas havia 6 alunos que 54 não passaram no teste. No entanto, com o aumento das notas positivas, o 1A parece ter obtido melhores resultados. Apenas 5 alunos obtiveram as notas mais baixas possíveis, enquanto em 1H foram 8.

Além disso, em 1A, 7 disciplinas foram classificadas como médias e 9 como boas, enquanto em 1H apenas 5 conseguiram obter as classificações médias e boas.

Por fim, 3 alunos de 1A obtiveram a melhor nota possível e apenas 1 o conseguiu em 1H.

Os dados podem levar à conclusão de que não foram apenas as capacidades de expressão oral dos alunos que foram influenciadas, mas também a sua compreensão do item gramatical específico. Mais uma vez, os alunos menos brilhantes falharam, e os bons alunos obtiveram resultados abaixo das suas capacidades.

OBSERVAÇÕES FINAIS

Dediquei a minha tese à correção de erros principalmente para encontrar respostas às minhas próprias dúvidas e questões. Olhando para todos os dados recolhidos, tenho a sensação de que algumas delas foram respondidas.

A observação do diário do professor e as opiniões dos alunos expressas no questionário permitem-me concluir que a correção é uma parte muito importante da aprendizagem, tanto para os alunos como para o professor. Ambos precisam dela, quando é feita de uma forma suave e correta, com o uso da linguagem corporal, repetições e palavras encorajadoras. Não podem passar sem correção a longo prazo e, por isso, se o professor tentar não lhe prestar atenção, os alunos fá-lo-ão certamente e, no final, acabarão por o preocupar também.

A correção de erros aumenta a consciência do aluno sobre o desenvolvimento da língua, indica o seu progresso e as áreas em que deve trabalhar. Como mostram as suas próprias opiniões e conclusões das aulas gravadas, o seu nível de ansiedade diminui quando o feedback corretivo é dado regularmente e aumenta quando não é dado nenhum. Os alunos tornam-se cada vez mais reticentes em falar e, sem saberem o que está certo e o que está errado, perdem a motivação para a comunicação.

Os resultados do teste parecem indicar que a falta de correção dificilmente influencia os alunos mais brilhantes, provavelmente porque estão conscientes dos seus conhecimentos e capacidades, mas tem um grande impacto nos alunos mais fracos, médios e mesmo bons. Infelizmente, este efeito é destrutivo e conduz a piores resultados no teste de gramática, bem como na pronúncia e na expressão oral.

Além disso, não é qualquer correção que os alunos querem. 90% (deles) esperam esclarecimento imediato e consideram inútil um feedback tardio. Este facto está de acordo com o meu próprio entendimento da gestão de erros e foi observado durante muitas aulas.

Os efeitos benéficos do feedback corretivo podem ser observados nas notas, no envolvimento na aula e na proficiência linguística dos alunos da turma 1A. A maior parte deles aprendeu inglês há menos tempo do que os seus colegas da turma 1H e tem notas muito semelhantes noutras disciplinas, pelo que os seus melhores resultados nos testes podem ter sido o resultado de um maior input corretivo.

Em suma, este estudo foi efectuado numa pequena amostra da população, pelo que existe a possibilidade de erro. O aspeto ético da investigação pode causar discussão e enfrentar o desrespeito e a desaprovação de muitos professores ou investigadores. Foi a minha maior preocupação desde o início e agora vou tentar fazer o meu melhor para compensar tudo o que os meus alunos perderam. Os meus alunos ainda não sabem que foram usados como sujeitos experimentais e provavelmente nunca o saberão, pois isso só poderá levar a queixas desnecessárias relativamente às suas notas.

A correção de erros parece ter provado ser uma parte crucial dos processos de ensino e aprendizagem. Embora suscite muitas dúvidas éticas, penso que vale a pena continuar a investigação deste tipo para obter dados mais valiosos e precisos.

BIBLIOGRAFIA

Allwright, D. & Bailey, K. M. (1991) *Focus on the Language Classroom: An Introcudction to Classroom Research for Language Teachers.* Cambridge: Cambridge University Press.

Bailey, K. M. & Nunan, D. (eds.) (1996) *Voices from the Language Classroom.* Cambridge: CUP.

Bartram, M. & Walton, R. (1991) *Correção. A Positive Approach to Language Mistakes.* Hove: Language Teaching Publications.

Bloomfield, (1942) *Outline Guide for the Study of Foregin Language.* Baltimore: Linguistic Society of America.

Chaudron, C. (1987) 'The Role of Error Corretion in Second Language Teaching' in B. K. Das (ed.) *Patterns of Classroom Interaction in Southeast Asia,* RLC Anthology Series 17: 17-50. Singapura: Centro Regional de Línguas

Collins Colibud English Language Dictionary (1987) Birmingham: Harper Collins Publishers.

Corder, S. P. (1981) *Error Analysis and Interlanguage* Oxford: OUP

(1974) 'Error Analysis' em Allen, J. & Corder, S. P. (ed.) *The Edinburgh Course in Applied Linguistics,* vol. 3, Oxford: OUP

(1975) *Error Analysis, Interlanguage and Second Language Acquisition, Language Teaching and Linguistic Abstracts,* vol. 8 No 4.

(1976) *Introducing Applied Linguistics (Introdução à Linguística Aplicada).* Penguin

(1971a) "Idiosyncratic Dialects and Error Analysis". IRAL, 9, 158-71

(1971b) 'Describing the Learner's Language'. CILT Reports and Parers, n° 6, Sympmosium, Estugarda 1971.

(1967) "The Significance of Learners' Errors". IRAL 5: 161-70 reimpresso em Richards, J. C. (1974: 19-27).

Dulay, H. & Burt, M. (1974) 'Natural Sequence in Child Second Language Acquisition' *Language Learning,* vol. 24, No 1.

(1977) 'Não se aprende sem fazer asneiras'. Em Richards, J. C. (ed.) *Error Analysis* London: Longman

(1978) Devemos ensinar sintaxe às crianças? *Language Learning* 23, 37-53 Londres: Longman

Ellis, R. (1994) *The Study of Second Language Acquisition.* Oxford: OUP

Etherton, A R T S (1977) 'Error Analysis - Problems and Procedures' in *English Language Teaching Journal* Vol. 32 No 1

George, H. V. (1972) *Common Errors in Language Learning (Erros comuns na aprendizagem de línguas)* Newbury House

Hatch, E. M. (ed.) (1978) *Second Language Acquisition: a book of readings.* Rowley, MA: Newbury House

Hendrickson, J. M. (1978) 'Error Corection in Foregin Language Teaching: Recent Theory, Research, and Practice'. *Modern Language Journal* (62: 387-98)

Horwitz, E., Horwitz M., e Cope, J. (1986) 'Foregin Language Classroom Anxiety'. *Modern Language Journal* (70: 1, 125-132)

Hudson, G. (1971) *A Classification of Ethiopian Student Errors in English Essay Writing Mimeógrafo,* Universidade de Adis-Abeba

James, C. (1980) *Contrastive Analysis* Harlow, Essex: Longman

(1971) 'Foregin Language Learning by Dialect Expansion'. Comunicação lida no Simpósio PAKS, Estugarda 1971.

Krashen, S. D. (1981) *Second Language Acquisition and Second Language Learning* Oxford: Pergamon Press

Lado, R. (1957) *Linguistics across Cultures.* Ann Arbor, MI: University of Michgan Press

Lenneberg, E. (1967) *Biological Foundations of Language (Fundamentos biológicos da linguagem)* Nova Iorque: Wiley

Lightbown, P. & Spada, N. (1990) 'Focus-on-Form and Corrective Feedback in Communicative Language Teaching: Effects on Second Language Learning'. *Studies in Second Language Acquisition,* 12, 429-448

Liu, Xue - Huei (1989) *A Survey Analysis of English Language Learning Anxiety on Secondary School Students in the People's Republic of China* Dissertação de Mestrado East China Normal University, People's Republic of China

Long, M. H. (1977) 'Teacher Feedback on Learner Error: mapping cognitions.' in Allwright, D. & Bailey, K. M. (1991) *Focus on the Language Classroom: An Introduction to Classroom Research for Language Teachers.* Cambridge: CUP

Ludwig, J. (1982) 'Native-speaker Judgements of Second Language Learners' Efforts at communication'. *Language Learning* 28: 309-32

McNeil, D. (1966) 'Developmental Psycholinguistics' in Norrish, J. (1995) *Language Learners and their Errors.* Inglaterra: Phoenix ELT

Nemser, P. (1971) 'Approximative Systems of Foregin Language Learners' IRAL, 9, 115-23

Norrish, J. (1995) *Language Learners and their Errors* England: Phoenix ELT

Revell, J. (1979) *Teaching Techniques for Communicative English* (Macmillan 1979) in Norrish, J. (1995) *Language Learners and their Errors* England: Phoenix ELT

Richards, J. C. (ed.) (1974) *Error analysis: Perspectives on Second Language Acquisition.* London: Longman

Selinker, L. (1992) *Rediscovering Interlanguage.* Harlow, Essex: Longman (1972) 'Interlanguage' *IRAL,* Vol. No 3, 10, 209-31

Tsui, A. B. M. (1995) 'Analysing input and interaction in second language classrooms'. *RELC Journal,* 16, 1, 8-32

Wardhaugh, R. (1970) 'The Contrastive Analysis Hyphothesis.' *TESOL Quarterly,* 4, 2, 123-30

Wilberg, P. (1989) One - to - One LTP in Bartram, M. & Walton, R. (1991: 54) *Correção.*
A positive Approach to Language Mistakes (Uma abordagem positiva dos erros de linguagem). Hove: LTP

APÊNDICE 1

TESTE A NOME: PONTUAÇÃO: /100p
I. ESCOLHA A FORMA CORREcta: /15p
1. O John nunca está .... às segundas-feiras.
A trabalha B está a trabalhar C trabalha
2. Olha! Este cão é a tua ... sandes.
A come B está a comer C come
3. Onde estiveste   ontem à noite?
A. eram B são C eram
4. Muito ......dificilmente hoje.
A trabalha B está a trabalhar C trabalha
5. Onde ir ....de férias este verão?
A are you going to B did you C do you
6. O elefante é um dos animais   do mundo.
A maior B tão grande como C o maior
7. Eu sei! .... Os meus amigos na próxima semana!
A visitou B vai visitar C ia visitar
8. Quem ......faz compras em sua casa?
A faz B faz C faz
9. É muito ...frequente no nosso país.
A não chove B não chove C não chove
10. Quando chegou a ITom, ontem à noite, estava muito cansado.
A ver B estou a ver C vi
11. Com licença, quero ..... sumo de maçã .
A qualquer B alguns C muitos 12O teu   irmão toca piano?
A pode B deve C tem de
13. Ela fez .....os trabalhos de casa e a professora ficou zangada.
A não fez B não fez C não fez 14. O que é que   foi?
A does this word mean B means this word C does mean this word 15. Ela não é o seu irmão.
A mais inteligente B tão inteligente C tão inteligente
II. TRADUZIR: /5p
1. Jestem gfodny i zamierzam cos zjesc.
2. Dwa tygodnie temu zgubifem zegarek.
3. Como é que o meu filho está a ser tratado?
4. Ona ma dzisiaj ubrane twoje buty.
5. Nie lubie pfywac w zimnej wodzie.
III. ESCREVA OS VERBOS OU PALAVRAS NA FORMA CORRECTA: /12p
1. Eu ....(não/entendo)   isso. Podes repetir?
2. Raramente .... se levanta antes das 6 horas e .... atrasa-se   com frequência.
3. Quem .... comprou   aquelas lindas flores para a tua mãe ontem?
4. .... Não posso reparar a sua mota. Lamento muito.
5. Quando .... é que conheceu o Sam? Na passada quarta-feira.
6. O que .... preparaste   para o teu jantar de aniversário? Muitas coisas deliciosas.
7. Quem é a .... pessoa (alta) da tua família?
8. Era o .... bolo (bom) que alguma vez comi.
9. Espera! Eu .... ajudo-te.
10. Silêncio, o bebé ....(dorme) ....(não vai) lá!
IV. ESCREVER **"ALGUNS"** OU **"QUAISQUER"**, **"HÁ"** OU **"EXISTEM**   /10p
1........................ muitos sítios interessantes na nossa cidade.
2.   Se tiver sede,   tem um pacote de sumo de laranja no frigorífico.
3.   R: Pode dar-me maçãs..........................., ...pão e

manteiga   ?
B: Lamento, mas não temos pão.......... .
C: Tens rolos........................... ?
4.   Olha! .... um lindo pássaro na árvore, e
muitas   borboletas.
5.   Queres um café   ?
V.   ESCOLHER A FORMA CORREcta: /13p
1. Eu ajudo-o / ajudo-o se souber como.
2. Olha! Aquele homem ali *usa / está a usar* o mesmo casaco que tu.
3. *De* onde *é que vem / vem*? É americano?
4. A Margarida *não foi/não vai* trabalhar ontem.
5. Tenho de ir à escola, mas *não devo/não tenho de* lá ficar durante um fim de semana.
6. Onde vivem */ vivem* os teus avós?
7. O tigre pode correr muito *depressa /rápido*.
8. Ela sabe jogar ténis *muito bem / bem*.
9. Quem é *mais forte / o mais forte*, tu ou o teu irmão?
10. *Não se deve/não se pode* ser sempre simpático para os amigos.
11. Gosto de *ouvir / ouvir* música pop.
12. Os cães *são tão simpáticos como / os* gatos *mais simpáticos*.
13. *Vou* convidar muitas pessoas para a minha festa. Tomei esta decisão ontem.
VI. ESCREVER PERGUNTAS PARA AS PALAVRAS SUBLINHADAS: /7p
1. Mark (1) lê um jornal (3) todas as manhãs (3).
2. O Jack (1) jogou ténis (2) com o Bod (3) ontem à tarde (4).
VII.   ESCREVA SETE FERRAMENTAS E TODOS OS   MESES/19p
VIII.   ESCREVA O MODAL CORRECTO (deve/pode/deve/pode/precisa, etc.)   /7p
1. O meu avôski......................, mas agora já é demasiado velho para o fazer.
2. Trancavas sempre a porta quando estavas sozinho em casa. Tu ....
abrir a porta a estranhos. Há muitos crimes, por isso é preciso ter ......muito cuidado.
3. Acho que já é tarde e vais .... para a cama, vês .... televisão a esta
hora
hora da noite.
4. Desculpe, ... diz-me   o caminho para a estação de comboios?
IX.   ESCREVA O QUE DIZERIA NESTAS SITUAÇÕES: /5p
1. Estás atrasado para a escola.
2. Queres comprar um presente para a tua mãe.
3. Precisas de dinheiro.
4. Está na estação de autocarros e quer comprar um bilhete para Poznan.
5. Está em Torun e quer ir para uma universidade, mas não sabe onde fica.
X.   ESCREVER UMA DEFINIÇÃO DE: /3p
1. carpinteiro
2. cabeleireiro
3. jornalista
ESCREVER 4 SENTENÇAS SOBRE O TEMPO   HOJE/4p

APÊNDICE 2

1 A	T-I 15pt	T-II 5pt.	T-III 12pt.	T-IV 10pt.	T-V 13pt.	T-VI 7pt.	T-VII 19pt.	T-VIII 7pt.	T-IX 5pt.	T-X 3pt.	T-XI 4pt.	100pt. máximo
M.Zur.	13	5	12	10	12	7	19	7	1 5	2.5 I	4	96,5
D.Bar.	12	4,5	9	10	9	7	16,5	7	5	3	4	87

	T-I	T-II	T-III	T-IV	T-V	T-VI	T-VII	T-VIII	T-IX	T-X	T-XI	
K.Bar.	12	3,5	11	6	11	7	18	6	5	1,5	4	85
N.Wal.	14	4	9,5	9	12	5	13	7	5	1,5	4	83
A.K^t.	12	4	10	9	10	2	18	7	5	2	4	83
K.Rog.	12	3	9	10	10	4	16,5	7	5	3	3	82,5
P.Olb.	13	3,5	10,5	8	11	5	14	5,5	4,5	2,5	4	81,5
T.Wlo.	12	3,5	8	9	9	3,5	18	7	5	1,5	3	79
M.Kar.	10	5	9,5	5	8	3,5	19	5	5	1,5	3,5	75
M.Zak.	11	4,5	8,5	7	9	6,5	12,5	7	5	2	3	75
M.Kra.	11	4	9	8	12	6	5,5	6	5	1,5	4	72
A.Kuk.	12	4	9	8	11	3	15,5	7	5	1,5	2	71
K.Hei.	11	3,5	6,5	7	10	5	13	5	3	3	4	71
J.Maz.	9	3,5	7,5	7	7	3,5	16	7	5	1	3,5	70
M.Jar.	12	2,5	8	9	10	6	7	7	3	1,5	4	70
M.Pro.	8	2,5	4	9	10	4,5	18	5	4	1,5	1,5	68
M.Poc.	13	1,5	8	5	10	3,5	12	3	1	3	3	63,5
M.Man.	10	2,5	7	4	9	4	16	2	2	1,5	4	62
Mestrado em Música.	11	3,5	4,5	6	7	7	13,5	4	1,5	0,5	2,5	61
R.Bud.	7	3,5	5	4	6	2,5	17	5	3	1,5	3	57,5
K.Tok.	7	3	5,5	5	6	4	16,5	4	3,5	1,5	3	57
K.Glo.	9	3	4,5	7	7	0	12,5	7	3,5	0	3	56,5
M.Rad.	8	4	2	5	8	1	17,5	3	3,5	1,5	1,5	55
M.Fre.	7	2,5	3,5	5	8	1	16,5	4	1	1	3,5	53
M.Pyd.	6	2	5	6	6	2	14	2	5	0	3,5	51,5
Major.	11	1,5	2	5	7	2,5	15,5	4	0	1	2,5	50
M.Zie.	7	3	3	8	8	2,5	10,5	5	1	0,5	0	48,5
A.Kra.	8	0,5	3	8	6	3,5	12,5	2	1	0	2,5	47
M.Kie.	10	2	3	4	9	1,5	10	1	1	0	2,5	44
T.Str.	3	1,5	2	3	8	2	13	3	0	1	1,5	38
	301	94,5	199	206	266	115,5	436,5	151,5	101,5	44	91,5	1994

1H	T-I 15p t.	T-II 5pt.	T-III 12pt.	T-IV 10pt.	T-V 13pt.	T-VI 7pt.	T-VII 19pt	T-VIII 7pt.	T-IX 5pt.	T-X 3pt.	T-XI 4pt.	100pt. máximo
M.Woj.	14	4,5	10,5	10	12	4	18	7	5	2	3,5	92,5

K.Mazu.	13	4,5	10	8	9	6,5	15,5	7	5	1,5	4	84
P.Kirs.	10	5	8	9	9	4	14	6	5	2	4	76
M.Dzi.	11	4,5	7	8	11	0	19	7	4,5	2	2	76
T.Jan.	10	4,5	8,5	5	9	7	14	6	4,5	2	4	74,5
M.Chr.	10	4	10,5	8	11	4	10,5	7	3,5	1	4	73,5
J.Str.	12	4	8,5	5	10	2,5	15,5	7	4	1	4	73,5
A.Lan.	12	4,5	6	5	9	7	18,5	6	0	2,5	3	73,5
M.Glo.	12	3	5	4	10	6,5	16	6	5	2	3,5	73
K.Koz.	12	3,5	5,5	8	9	6	11	7	5	1,5	4	72,5
D.Bau.	12	3	7,5	6	9	4,5	14,5	6	5	1	3,5	72
P.Dud.	10	2,5	9	7	8	6,5	14,5	5	4,5	1,5	3,5	72
J.Wal.	10	3	5,5	9	8	5,5	13	7	2,5	3	2,5	69
K.Bar.	8	2,5	7	5	9	6,5	16	4	3	1,5	3	65,5
A.Rad.	8	2,5	9	7	9	3,5	17	2	0	2	4	63,5
K.Tom.	11	2,5	7,5	7	7	5,5	11,5	6	4,5	0	0	62,5
A.Kas.	8	2	5,5	4	7	5,5	15,5	5	4	2,5	2,5	61,5
J.Sro.	11	2	6,5	7	11	3	9	7	0	0,5	3	60
A.Bal.	9	2,5	7,5	2	8	2	15,5	4	3,5	2,5	3	59,5
D.Cza.	8	1	3	7	9	3	12	5	5	1	0	55
K.Pol.	10	3,5	5	5	6	5	15	6	0	0	0	55
D.Zie.	9	1,5	2	6	10	2	14	2	1	1,5	3	52
I.Kub.	5	2	3,5	6	9	3	13,5	4	3,5	0	3	50,5
A.Sko.	9	2	1,5	8	5	1	14	6	0,5	0	0	47
B.Gór.	10	2	4	3	5	1	10	2	0	0	3,5	43,5
M.Lat.	9	1,5	4,5	3	7	0,5	10	4	0,5	0,5	2	42,5
I.Rat.	7	4	1,5	4	6	0	12,5	3	0	0	1,5	39,5
M.Jaw.	6	2	0	4	7	5	10,5	4	0	0	0	38,5
E.Mar.	6	1,5	2,5	5	8	0,5	10	0	0	0	3	37,5
M.Jan.	9	2,5	2	5	6	0	0	3	4,5	1	4	36,5
M.Ber.	9	2,5	3,5	4	6	3	0	0	0	1,5	0	29,5
	300	90,5	177,5	184	25	117	400	151	83,5	37,5	81	1881,5

APÊNDICE 3

ANKIETA

Ankieta jest anonimowa. Proszą o wybieranie tych odpowiedzi, z ktorymi si§ zgadzasz.

1. Ile lat uczysz si§ j. Angielskiego?

2. Dlaczego uczysz si§ j. Angielskiego?

Presja rodzicow

♦ BQdzie niezbQdny w przyszlosci (praca, studia, etc.)

♦ Podroze

ChcQ i lubiQ

♦ Inne...

3. Czy wazne jest dla Ciebie mowienie poprawnie? TAK NIE

 4. Czy uwazasz, ze nauczyciel powinien poprawiac ustne blQdy ucznia? TAK NIE

 5. Czy ty poprawiasz ustne blQdy innych? TAK NIE

 6. Co czujesz, kiedy jestes poprawiany/a?

♦ WstydzQ siQ

♦ Nie wstydzQ siQ, poniewaz kazdy popelnia blQdy. Para normalne.

Pewniej, przynajmniej wiem, czego jeszcze nie umiem.

♦ DenerwujQ siQ

♦ Inne...

 7. Czy uwazasz, ze j. Angielskiego mozna nauczyc siQ w szkole? TAK NIE

 8. Como é que os lubrificantes podem ser usados?

♦ Sluchanie

♦ Pisanie

♦ Czytanie

♦ Konwersacje

9. Czy uwazasz, ze uczymy siQ na blQdach? TAK NIE

10. O que é que se passa?

♦ Zbyt malo czasu poswiQcam na naukQ

♦ UczQ siQ dopiero kilka lat

Zbyt rzadko jestem poprawiany/a

Nie wiem co robiQ zle

♦ Inne ...

11. Wolisz aby twoje ustne blçdy (gramatyczne, wymowy, itp.) byly poprawiane:

♦ Não é verdade, mas não me parece que seja

♦ Sobre a marca

♦ Na przerwie

♦ Inne ...

12. Os nomes dos utilizadores são os mesmos:

♦ Gestos, palavras de ordem

- Powtarzajqc blqd z powqtpiewaniem w glosie

- Slowami: "Jeszcze raz, zle, co ty opowiadasz, bzdury, itp."

- Lento: "Nie jestem pewna, czy mozesz powtórzyc, nie bardzo, itp."

- Proszqc kolegç lub kolezankç o wlasciwq formç

13. Jesli nauczyciel nie poprawia twojej wypowiedzi, a robiq to inni sqdzisz, ze:

- O que é que está a acontecer?

- Nie bylo w niej powazniejszych blçdôw

- Não é preciso dizer que é preciso fazer uma tentativa

- Nie jestes pewien czy ty masz racjç, czy twoi koledzy/kolezanki

- Porque não há nada a fazer, porque não há nada a fazer

14. Czy chcialbys miec trochç czasu na poprawienie siç samemu? TAK NIE

15. Czy zgadzasz siç ze zdaniem: "Popelnianie blçdôw jest to znak tego, ze uczç siç, rozwijam, i jest to dla mnie czyms naturalnym."

16. Czy sqdzisz, ze w szkole mozna nauczyc siç j. Obcego nie bçdqc poprawianym? TAK NIE

APÊNDICE 4

TRADUZIR
1. On wlasnie skaleczyl siç w nogç.
2. Oni wlasnie umyli swoj samochod.
3. On nie zamiotl jeszcze podlogi.
4. Czy ona otrzymala juz list?
5. Ona wlasnie zgodzila siç.
6. A Lisa está a trabalhar.
7. Czy znalazles juz swojego psa?
8. Przepraszam, ale zapomnialem twoje imiç.
9. Nie odrobilam zadania domowego, przepraszam.
10. Czy widziales kiedys ten film?
11.   O QUE DEVO FAZER (2 FRASES)
1. Perdi a minha mala.
2. Não fui à escola.
111.   TRADUZIR
a). czolgac siç
b). gryzc
c). Obwiniac
d). Dmuchac
e). Kompan, towarzysz
f) . Awaryjne
g). Lekarstwo

Printed by Books on Demand GmbH, Norderstedt / Germany